KB071633

경찰을 말하다

POLICE

TELL THE

경찰을 말하다

초판 1쇄 발행 2020년 2월 25일
3쇄 발행 2022년 2월 1일

지 은 이 박상융
발 행 인 권선복
편   집 유수정
디 자 인 김소영
전 자 책 서보미
마 케 팅 권보송
발 행 처 도서출판 행복에너지
출판등록 제315-2011-000035호
주   소 (157-010) 서울특별시 강서구 화곡로 232
전   화 0505-613-6133
팩   스 0303-0799-1560
홈페이지 www.happybook.or.kr
이 메 일 ksbdata@daum.net

값 17,000원

ISBN 979-11-5602-776-8 (03330)

도서출판 행복에너지는 독자 여러분의 아이디어와 원고 투고를 기다립니다. 책으로 만들기를 원하는 콘텐츠가 있으신 분은 이메일이나 홈페이지를 통해 간단한 기획서와 기획의도, 연락처 등을 보내주십시오. 행복에너지의 문은 언제나 활짝 열려 있습니다.

총경 출신 박상융 前특검보가
말하는 경찰개혁 이야기

경찰을 말하다

POLICE TELL THE

박상융 지음

도서
출판 행복에너지

사건 앞에서
생각해야 할 것들

　사법시험에 합격한 후 군법무관과 변호사 생활을 거쳐 경찰에 투신했다. 경찰 생활을 20년 이상 하다가 지금은 다시 변호사로 일하고 있다. 경정이라는 비교적 높은 계급에서부터 시작하여 일선 경찰서와 지방경찰청, 본청을 오가며 주로 수사부서에서 근무를 해왔다. 퇴직한 후에는 국내 유일의 수사전문지인 '수사연구'에 연재를 하고 있다. 그 결과가 이 책의 저본이 되었다.

　경찰 생활 초기에 나는 '하나라도 실적을 더 올려야 한다'는 부담감과 함께 '빨리 사건을 종결하고 편안하게 쉬자'는 안이한 생각으로 형사입건 제일주의에 사로잡혀 일한 적이 있었다. 매일같이 발생하는 사건과 민원들에 대해 피해자의 일방적인 주장만을 들어 가해자들을 형사입건하기에 급급했다. 지금 생각해 보면, 굳이 형사입건을 하지 않고도 즉결이라는 제도를 통해 얼마든지 해결할 수 있었을 텐데 하는 아쉬움이 크다.

그러면 그들에게 전과자라는 굴레를 씌우지 않아도 되었을 것이다. 사실 법을 집행하는 경찰관의 입장에서는 법대로, 규정대로 하는 것이 편하긴 하다. 전후 사정을 고려하고 관련자들의 진술을 한 번 더 확인하여 신중하게 처리하려면 시간과 노력이 많이 든다. 게다가 실적 평가에서 이를 그대로 인정해 주는 것도 아니기 때문이다. 하지만 그렇다고 해서 누군가 겪은 부당한 일을 소홀히 넘길 순 없는 일이다.

아무리 경미한 사건이라도 소홀히 다루어서는 안 될 일이다. 법과 규정을 내세우기 전에 인간적인 고민을 먼저 해야 한다. 사실이 어떻고 정의가 무엇인가에 대해 성찰하는 자세를 잃지 말아야 한다. 나도 경찰의 한 사람으로 이 책을 쓰면서 지난날들을 떠올렸다. 떠올리면서 수많은 반성과 다짐을 새로이 하게 되었다. 과연 나는 그때 얼마나 고민과 성찰을 하면서 법집행을 하였던가.

지난 시간 동안 경찰, 변호사, 그리고 드루킹 특검보를 하면서 느낀 이야기를 많은 사람들과 공유할 수 있으면 좋겠다고 말하는 분들도 적지 않았다. 그에 힘입어 이 책이 세상에 나오게 되었다. 이 자리를 빌려 그분들에게 정말로 감사하다는 말씀을 올리고 싶다. 그분들이 아니었다면 책을 낼 엄두도 내지 못했을 것이다. 『경찰이 위험하다』, 『범죄의 탄생』과 함께 이번 책이 나올 수 있도록 지원과 수고를 아끼지 않은 권선복 행복에너지출판사 대표님, 지난 1년간 국내 유일의 수사 전문지인 '수사연구'에 글을 연재할 수 있도록 도움을 주신 전웅진 대표님, 임종현 편집장님 등 수사연구지 관계자분들, 천안서북경찰서 쌍용지구대 박성주 경위에게 깊은 감사를 드린다.

바라건대 이 책이 정의를 실현하기 위해 불철주야 뛰어다니는 우리 경찰관들에게 좋은 자극제가 되었으면 한다. 또한 검찰과 법원 등 형사사법 집행기능에 종사하는 사람들과 장래의 법조인을 꿈꾸는 법학도들에게 필요한 '생생 현장 이야기'로 다가가기를 바란다.

잊을 수 없는
그때 그 사건

나는 경찰로 20여 년을 넘게 살았다. 이 책을 쓰면서 그 시간 동안 있었던 일들을 돌아보게 되었다. 가장 기억에 남는 일들은 스스로 잘했다고 생각되는 일이다. 물론 잊히지 않는 아픈 기억도 있다.

서울 양천서장으로 재직할 때의 일이다. 부녀자 납치 강도강간 사건으로 온 사회가 떠들썩했다. 내가 근무하는 경찰서로 신고가 들어와 수사에 착수하게 되었다. 수사는 쉽지 않았다. 신고자의 주소지만 양천구였을 뿐 범죄의 발생지는 모두 다른 경찰서 관할이어서 더욱 그랬다. 하지만 관할을 따지지 않고 범인 검거에 심혈을 기울였다. 범인은 몸값으로 7천만 원을 요구했고 우리는 수사용 위조지폐를 준비하여 약속한 장소로 나갔다. 돈을 건네주는 척하면서 검거하기 위한 것이었다. 하지만 놓치고 말았다. 우여곡절 끝에 범인을 잡고 위폐도 수거했지만, 하마터면 사건도 확대되고 위폐도 유통될 뻔한 위험천만한 상황이었다. 범인을 검거하고 보니 그는 전에 발생한 다른 납치강도 사건들을 일으킨 장본인이었다.

사건은 일단락되었고 의외의 수확도 있었다. 하지만 마냥 기뻐할 수만은 없었다. 범인의 가족들이 방송을 통해 공개되었다. 그들은 고통을 느끼고 있었다. 그 모습을 보며 나 역시 안타깝고 무거운 마음이 들었다.

이 사건을 해결하면서 교도소 교화교육의 중요성도 새삼 절감하게 되었다. 범인과 함께 범행을 모의한 공범은 교도소에서 알게 된 사이였다. 교화의 대상자들을 올바른 사회인으로 바꾸어 놓아야 할 교화의 공간에서 또 다른 범행의 싹이 틔워진 셈이다. 만약 교도소가 진정한 교화의 성역으로 거듭난다면 누군가의 고통과 슬픔도 미연에 방지할 수 있지 않을까?

더불어 경찰이라는 직업에 대한 회의감이 일기도 했다. 내가 아는 한두 사람은 자기 일에 헌신적이고 가정에 충실한 정직한 직원이었다. 그런데 어쩌다가 성매매 의혹 사건에 연루되고 말았던 것이다. 관련 내용이 여성단체를 통해 언론에 대대적으로 보도되자 지방청에서는 당일로 수사에 착수, 당사자들을 조사하고 곧바로 직위해제 시켰다. 당사자들이 혐의를 완강히 부인하는데도 불구하고 입건하는 것으로도 모자라 언론에 브리핑을 하면서 당사자의 집과 혐의 내용 등을 만천하에 공개해 버렸다.

이와 함께 평소 성실한 경찰관으로서 존경을 받던 남편과 아버지가 한순간에 파렴치범으로 매도되고 파면되는 수모를 겪게 되었다. 상황이 걷잡을 수 없는 지경에 이르자 그 직원이 내게 찾아와 살려달라고 애원을 했다. 당시 직원의 딸은 청장에게 "저희 아버지는 절대 그런 사람이 아니니 아버지의 말을 믿어달라"는 탄원서를 올리기도 했다.

나는 당시 검찰과 청장에게 직원에 대한 선처와 공정수사를 호소하고 직원을 구조하기 위한 법적 활동을 도왔다. 경찰 조직이 너무 비정하다는 생각은 좀처럼 가시지 않았다. 어떻게 피의자의 인권을 보호한다면서 직원의 인권은 생각하지 않는가. 어떻게 단 한 번의 조사로 직원을 직위해제 하고 범법자로 몰아 언론에 내팽개치듯 공개한단 말인가.

우리가 풀어나가야 할 과제는 한두 가지가 아니다. 그것은 경찰만의 과제도 아니요, 검찰이나 법원만의 과제만도 아니다. 사법계는 물론 우리 국민 모두가 함께 노력하고 실천하는 지혜를 모아 성숙한 의식으로 거듭날 때야 비로소 해결할 수 있는 과제다.

이 책이 우리 앞에 던져진 과제를 직시하고 해결하여 보다 나은 사회로 나아가는 데 조금이라도 일조할 수 있기를 바란다.

PART 1

주폭(酒暴)사회와 불량 가족

PART 2

10대들의 반란과
비뚤어진 성(性)의 진실

PART 3

나는 억울합니다

PART 4

경찰을 분석하다

PART 5

경찰을 위한 변론

PART 6

대한민국을 바꾸려면

경찰을 말하다

주폭(酒暴) 사회와 불량 가족

소주 한 병 더!
– 폭행 vs 정당방위

주정남(가명)은 성실한 가장이었다. 가족을 끔찍이 생각했고 가족을 위한 일이라면 어떤 것도 마다하지 않는 사람이었다. 책임감이 강한 중간 간부로 회사에서도 좋은 평판을 얻고 있었다. 그런 그에게도 한 가지 흠이 있다면 나쁜 술버릇이었다. 술을 좋아하는 데다 한 번 먹으면 다른 사람으로 돌변했다. 그러는 바람에 평소 그를 따르던 사람들도 그와 함께하는 술자리에는 끼고 싶어 하지 않았다. 그러던 중 회사가 구조조정을 한다는 소문이 나돌았다. 호황이었던 건설 경기가 침체되면서 그 여파로 회사의 경영 상태가 악화된 결과였다. 주정남은 내심 불안해졌다. 잦은 술자리로 인해 지각을 자주 했기 때문이었다. 봉급생활 외에 달리 뾰족한 수가 없는 처지였다. 불안은 점점 커져갔고, 결국 이를 감당하기 힘들었던 그는 거의 매일같이 술에 의지하다시피 지내게 되었다.

그날도 주정남은 회사 근처 술집에서 한두 병 연거푸 술을 마시기 시작했다. 평소 주량인 소주 3병을 훨씬 넘기고도 계속해서 그의 주문이 이어졌다.

"어이~ 소주 1병만 더 가져와!"

걱정이 된 종업원은 몸도 제대로 가누지 못하는 주정남에게 다가가 달래듯이 말했다.

"손님, 너무 많이 드신 것 같습니다. 이제 그만 드시지요!"

그 순간 병이 박살나는 소리와 함께 험한 욕설이 튀어나왔다. 종업원의 말이 떨어지기가 무섭게 주정남이 소주병을 바닥에 던지고 소리를 지른 것이다.

"X팔, 내 돈 내고 내가 마신다는데, 왜 지랄이야!"

행패는 거기에서 멈추지 않았다. 그동안 참아왔던 분을 이참에 풀기라도 하겠다는 듯 이내 종업원의 멱살을 붙잡고는 벽에 밀쳐 넘어뜨리고 말았다. 종업원과 주인은 더 이상 두고 볼 수 없었다. 그대로 두었다간 사태가 커져 다른 손님들에게도 피해가 갈 수 있었다. 주정남은 결국 밖으로 끌려 나갔다. 곧이어 경찰에 신고가 들어왔다. 폭행을 당했다며 주정남이 112에 전화를 한 것이다.

"술을 더 달라고 했을 뿐인데 내 멱살을 잡고 내팽개쳤어요. 다리가 아파요. 술집 주인과 종업원이 이럴 수 있어요? 경찰 아저씨가 조금만 늦었으면 큰일 날 뻔했어요. 술을 먹다 폭행을 당하니 억울해서 견딜 수가 없네요. 이 사람들을 처벌해 주세요!"

두 사람은 결국 경찰서로 동행되었다. 이런 경우에는 어떻게 조치하는 것이 좋을까?

생각 1 행패자는 업무방해의 현행범으로, 주인과 종업원은 행패에 대한 긴급피난 또는 정당방위로 처리하는 것이 바람직하다.

생각 2 무조건 형사입건 처리하는 것은 바람직하지 않다. 민사상 조정 화해제도를 형사사건에도 도입하면 좋겠다. 민간인들로 조정위원을 구성 하고 경찰서장이 위원장이 되어 조정을 하면 사건처리 후에도 당사자 간 의 앙금이 생기지 않아 좋을 것 같다.

생각 3 우리 주변에는 술을 먹고 소란을 피우는 사람들이 너무 많은 것 같다. 이들에 대한 처벌만 생각하지 말고 피해자에게 실질적인 보상이 이 루어지도록 해야 한다. 그런 차원에서 피해자가 민사상 손해배상 청구를 최대한 쉽게 할 수 있게끔 도와주면 좋겠다. 지급명령절차 신청서를 형사 과에 비치해두는 것도 한 가지 방안이다.

경찰이라면 어떻게 할까

행패를 부리는 사람을 제지하는 과정에서, 혹은 싸움을 말리는 와중에 불가피하게 상대방의 몸에 손을 댔다가 폭행을 당했다고 고소를 당하는 일이 심심찮게 벌어진다.

싸움은 원칙적으로 정당방위로 인정받을 수 없다. 하지만 최근에는 폭행을 당한 경우에 한해 예외 적용을 받기도 한다. 정당방위를 인정받지 못했을 때는 즉결심판 회부를 요청할 수 있다. 벌금 20만 원이나 구류, 과태료에 처할 수 있는 경미한 사건은 바로 즉결심판에 회부할 수 있으며 결정 기간도 짧게는 조사일로부터 7일이면 되고 전과자로 등재되지도 않는다. 물론 즉결심판에도 입증 자료가 필요하다. 카메라 영상물이 있으면 제일 좋지만, 없으면 목격증인을 대동해야 한다. 만일 목격증인이 경찰서 진술을 기피한다면 변호사 사무실에서 자술서 공증을 받아 제출하면 된다. 간혹 가해자가 상해진단서를 허위로 작성하여 제출하는 경우가 있는데, 이런 경우에는 상해진단서의 발부일자와 실제 상해일, 그리고 진단 부위와 가해 부위의 불일치를 지적하여 소명하거나, 진단서를 발부한 병원이 가해자와 관련이 있다는 사실 등을 부각시키면 상해 혐의에서 벗어날 수 있다.

쌍방폭행의 경우에는 경찰서에서 합의를 주선하기도 한다. 그런데 한쪽이 너무 많은 액수를 요구한다면 그의 주소지 관할법원에 적당한 금액을 공탁해야 한다. 공탁증명서를 경찰서에 제출하는 것이 좋다. 그러면 정상참작을 받을 수 있다.

만일 수사관의 조사가 불공정하다고 생각될 경우엔 이렇게 하면 된다. 조사 경찰관이 사건에 대한 선입견을 가지고 있어 공정한 수사를 기대하기 어렵다고 생각될 때는 경찰서 청문감사실에 경찰관 교체를 신청할 수 있다. 뿐만 아니라 사건 현장검증, 거짓말탐지기 검사, 상해진단서 진위 조사, 현장 CCTV 확인 등 보강수사 촉구 의견서도 제출할 수 있다. 이러한 노력들을 통해 공정수사를 요구했음에도 불구하고 제대로 이행되지 않았을 때에는 상급 기관인 지방청이나 검찰청 등에 수사 이의신청 진정서를 제출할 수 있다.

이 차는 뭐야?

- 불법 주정차와 취업준비생의 분노

복학생 A. 그는 학창시절 공부를 잘해 명문대에 진학했다. 그는 '엄친아'로 불릴 정도의 학생이었다. 하지만 그런 그에게도 어려움은 닥쳤다. 바로 취업이었다. 불황에다가 경쟁이 치열하다 보니 원하는 회사에 들어가기가 쉽지 않았다. 눈높이를 낮추어 입사원서를 제출해도 마찬가지였다. 돌아오는 건 실망뿐이었다. '하늘은 스스로 돕는 자를 돕는다'는 믿음 하나로 도전을 멈추지 않았다. 하지만 희망의 날개는 좀처럼 보이지 않았다.

'난 왜 이리 되는 일이 없을까? 학교에 다닐 때는 늘 자신감으로 충만했는데…. 이제는 남들 앞에 설 자신도 없다.' 그는 이런 생각을 하며 술을 마셨다. 너무 힘든 나머지 술에 의지하게 된 것이다. 그것이 화근이었다. 그날도 그는 술을 잔뜩 마신 채

비틀비틀 걸어가고 있었다. 자신을 믿어주는 부모님을 생각하며 정신을 놓지 않으려고 안간힘을 쓰며 집으로 향했다. 휘청거리는 몸을 추슬러가며 집 근처에 다다랐을 무렵이었다. 차량 한 대가 그의 앞을 가로막고 서 있었다. 불법 주정차 차량이었다.

'사람 다니는 길에 차를 세워놓다니….'

도저히 상식적으로 납득할 수 없었던 그는 짜증이 확 밀려왔다. 이동주차를 요구하기 위해 그는 창문을 살폈다. 하지만 차량주인의 연락처는 어디에도 보이지 않았다.

"뭐, 이런 놈이 다 있어!"

순간 화가 치밀어 오른 그가 냅다 발길질을 해댔다. 둔탁한 소리를 내며 차의 범퍼가 찌그러졌다. 마침 길을 지나던 한 사람이 이 모습을 보고 놀라 곧바로 경찰에 알렸고, 그는 현장에서 즉각 체포되고 말았다. 불법 주정차 차량에 발길질을 가한 취업 준비생에게는 어떠한 처분이 합당할까?

생각 1 잘못을 뉘우치고 재범할 우려가 없다면 전과자가 되지 않게 하는 처분이 필요하다. 우발적인 일로 손괴가 크지 않을 것으로 보아 입건유예의 관용을 베풀어도 무방할 것 같다.

생각 2 사회봉사도 하나의 방법이 되지 않을까? 아울러 경미 사범의 경우에는 즉결심판을 활용하여 전과자 양산을 방지해야 할 것이다.

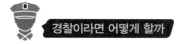

경찰이라면 어떻게 할까

입건에는 피의자 신문조서 작성, 지문날인 등을 거쳐 최종 처분에 이르기까지 많은 제약이 따른다. 따라서 경미한 사건, 특히 초범의 경우에는 법원의 선고유예나 검찰의 기소유예처럼 입건유예 하는 것이 낫다.

위의 대학생처럼 술에 취해 우발적으로 기물을 손괴하거나 상해를 입혔을 때는 피해자와 합의를 보는 방법이 최선이다. 합의 후에는 피해자가 처벌을 원치 않는다는 탄원서를 경찰서에 제출하도록 한다. 만약 피해자의 사정으로 합의서나 탄원서를 작성해 주기 어렵다고 하면 수사관이 피해자에게 연락하여 처벌의사 유무를 확인하게 되는데, 이때 가해자가 취할 수 있는 최선의 방법은 합의금을 제시, 공탁하는 것이다. 또한 반성문을 작성하면 양형 시에 플러스요인이 될 수 있다.

즉결심판을 청구하면 전과자도 되지 않고, 벌금액수도 적고, 사건도 신속하게 해결할 수 있다. 경찰의 현명한 처분만 기다리지 말고 피의자나 피의자 가족이 경찰서장에게 즉결심판을 원한다는 내용의 탄원서를 제출하는 것도 방법이다.

이 자식들이 나를 무시해?

– 위험천만한 운전기사 폭행

여기 한 부자父子가 있다. 유전의 힘은 무섭다. 신체적, 정신적인 면만이 아니라 습관마저 유전되니 말이다. 아버지는 술이 없으면 생활하기 힘든 사람이었다. 허약한 체질임에도 술의 힘을 빌려 농사일을 꾸려갈 정도였다. 그런 아버지도 자식이 자신과 같은 길을 걷지 않기를 바랐다. 술에 의지해 살아가는 인생이 얼마나 고달프고 서러운지 잘 알기 때문이었다. 그랬건만 끝내 아들에게서 자신의 그림자를 지울 수 없었다. 아들 역시 술버릇이 좋지 않았다. 술을 먹기만 하면 그 오래된 버릇이 튀어나왔다. 고약한 술버릇은 자신보다 더하면 더했지 결코 덜하지 않았다. 그나마 그동안 큰 사고를 치지 않은 것이 다행이었다. 그런 아들이 어느 날 또 어김없이 술자리를 가졌다. 그러다가 그만 막차를 놓치고 말았다. 할 수 없이 택시를 잡게 되었다. 수 많은 택시들이 지나갔다. 하지만 그를 위한 택시는 단 한 대도 없었다. 술에 취해 비틀거리는 사람을 태워줄 리 만무했던 것이다. 그는 점점 화가 나기 시작했다. 그는 지나가는 택시들을 향해 중얼거렸다.

"이 자식들이 나를 무시해?"

택시들이 그를 외면할수록 그의 감정도 거칠어졌다. 기분이 상할 대로 상한 그 앞에 택시 한 대가 멈추어 섰다. 그는 택시에 올라탔다. 행선지를 묻는 택시기사의 말에 그는 다짜고짜 욕부터 토해냈다.

"X팔, 다 죽여 버릴 거야! 내가 누군지 모르나 보지?"

그러더니 그는 느닷없이 자신을 태워준 택시기사의 얼굴을 주먹으로 때리기 시작했다. 문을 발로 차면서 핸들을 잡아채기도 했다. 운전 중인 상태에서 그야말로 위험천만한 행동이었다. 하마터면 대형사고로 이어질 뻔한 아찔한 순간들이었다. 다행히 기사의 재빠른 대처와 이를 목격한 다른 사람의 신고로 겨우 상황이 진정될 수 있었다. 인사불성인 상태로 파출소에 인계된 아들을 바라보던 아버지의 눈에 낙담의 빛이 가득했다. 마치 자신의 과거 모습을 보는 것 같아 마음이 찢어질 듯 아팠다. 결국 아버지와 아들은 이런 일이 다시는 없게 하겠다는 다짐을 하고 기사의 치료비와 일실逸失을 보상하고 차량 수리까지 해준다며 선처를 호소했다. 과연 선처를 하는 것이 옳을까?

생각 1 금주 각서를 쓰고, 택시기사의 피해도 변상하고, 진정으로 사과한다면 즉결심판에 회부하는 것이 좋겠다.

생각 2 우리나라는 주취자에게 너무 관대한 편이다. 그런 사람들에게 음주자교육을 받게 하고 사회봉사 명령을 내려 깊이 반성할 수 있게끔 별도의 조치를 취해야 한다.

생각 3 미군에서 복무하는 수사관들은 "한국은 술로 인한 소란, 업무방해, 폭행, 가정폭력이 빈발하는데 검찰과 법원은 우발적 범행으로 간주하여 관대하게 처리한다"고 말한다. 미국에서는 있을 수 없는 일이다. 술에 취했다는 사실이 정상참작의 사유가 되지도 않을뿐더러 주취 상태에서 같은 행동을 되풀이하면 바로 구속한다. 한국에서 이 같은 행태를 사라지게 하려면 사람이 벌인 일을 술에 떠넘기는 식의 문화부터 없애야 한다.

 경찰이라면 어떻게 할까

날이면 날마다 경찰서에 찾아오는 반갑지 않은 손님이 바로 주취소란자들이다. 이들은 유치장에 수감해도 마구 난동을 피운다. 수갑을 채우기도 쉽지 않다. 술이 깨고 나서는 전혀 기억이 나지 않는다며 발뺌을 한다. 그런데도 여전히 검찰이나 법원은 우발적인 사건이라고 해서 구속하려 들지 않는다.

주취소란자에 대해서는 좀 더 엄중히 대처할 필요가 있다. 알고 보면 온갖 문제가 이들로부터 비롯된다. 하지만 처벌 못지않게 중요한 것이 있다. 나쁜 술버릇을 고치게 해야 한다. 이를 위해 주취소란자에게 금주치료명령 조건부 불구속을 강제할 수 있는 방안을 적극 검토할 때가 되었다.

주취소란자가 이런저런 이유를 들어 제대로 된 피해 보상을 해주지 않는 경우를 흔히 볼 수 있다. 이럴 때는 주취소란자를 구류형 등에 처해달라고 피해자가 경찰서에 즉결심판 청구를 제기할 수도 있다.

감히 하늘 같은 선배에게 훈계를?

- 공무집행방해 사범 처리

박변해(가명)의 별명은 '카멜레온'이다.

그는 자신의 영달을 위해서라면 어느 누구의 비위라도 맞출 수 있을 만큼 탁월한 대인능력을 갖고 있었다. 상황에 따라 시시각각 변하는 변신의 천재라고 할 수 있었다. 카멜레온이라는 별명도 바로 이런 면을 두고 하는 말이었다.

그는 빈약한 체구에 술을 잘 마시지 못하는 편이었다. 회식 자리에서도 끝까지 남아 상사를 챙기고 집까지 바래다 준다. 그런 박변해를 좋아하지 않는 상사가 없다. 하지만 후배들에게는 딴판이다. 냉정하고 인색하게 대한다. 이중적인 태도다. 그의 태도에 참다 못한 같은 부서 후배가 그에게 대놓고 말을 했다.

"어떻게 사람이 그럴 수 있어요? 후배는 사람도 아닌가요? 그렇게 짓밟아도 되는 건가요?"

박변해는 당돌한 후배의 말에 순간 할 말을 잃었다. '감히 하늘 같은 선배한테 훈계를 해?' 마침 술에 거나하게 취해있던 그는 고래고래 소리를 지르며 테이블을 엎어버리고 술병을 바닥에 내동댕이쳤다. 한마디로 제정신이 아니었다. 주변은 온통 아수라장으로 변해버렸다. 이때 도저히 수습이 안 되겠다고 판단한 옆자리의 손님들 중 하나가 경찰에 연락을 했다. 박변해는 현장에 출동한 경찰관들과 함께 파출소로 동행해 음주소란의 명목으로 5만 원의 범칙금 납부 처분을 받았다. 그런데 그게 끝이 아니었다. 파출소를 나서던 그가 갑자기 경찰관의 멱살을 잡아 흔들었다. 왜 자기한테 그런 처분을 내리느냐는 것이었다. 심지어 이를 말리는 다른 경찰관의 배를 걷어차기도 했다. 이런 사람에게는 어떤 처벌이 합당할까?

생각1. 공무집행방해 사범으로 인한 피해는 그 정도를 따질 수 없을 정도로 엄청나다. 인적, 물적 상해의 규모로 판단할 문제가 아니다. 공무집행방해 사범만큼은 유치장에 우선 수감하고, 민사상 지급명령 신청도 함께 진행해야 한다.

생각2. 공무집행방해 사범은 어떤 일이 있어도 엄중하게 처리해야 한다. 이를 엄중히 처리하지 않으면 국가 공권력이 바로 설 수 없으며 시민들의 피해도 심화될 것이다.

 경찰이라면 어떻게 할까

공무집행방해 사범이 나날이 증가하는 추세다. 다르게 말하면 공무집행에 대한 일반인들의 인식이 상당히 취약하다고 할 수 있다. 특히 주취 상태에 서 행해지는 폭력이 심각한 수준이다. 한 조사 결과에 따르면 전체 범행의 70% 이상이 주취에 의한 사건이라고 한다. 상습적이고 고질적인 공무집 행방해 사범들 때문에 공권력 집행이 위축되어서는 안 된다. 경찰력이 불 필요하게 낭비될 뿐 아니라 그 피해가 국민들에게 고스란히 돌아간다. 이 들에 대한 강력한 대응이 요구된다. 이와 함께 알코올상담센터나 전문병 원 등과 연계하여 이들에 대한 치료와 구제를 적극적으로 전개해야 한다. 대개 주취폭력은 우발적이고 피해가 경미하다고 해서 현행범이라도 불구 속 석방되고 기소되어도 가벼운 벌금형을 선고받는다. 벌금도 제대로 납 부하지 않는다. 이래서는 단속과 처벌의 효과를 기대하기 어렵다. 더 단 호한 조치를 취해야 한다. 주취폭력자는 즉결심판에 회부하여 구류형(최장 29일)을 선고하고 유치명령도 함께 내려 즉각 유치장에 수감시켜야 한다. 그래야 제정신을 차린다. 더불어 법정 출석에 불응하는 사태를 막기 위한 제도 개선도 이루어져야 한다. 순회판사를 지정, 직접 경찰서를 방문케 함 으로써 즉석에서 심사와 판결이 내려지도록 하면 된다.
주취자가 많은 파출소,지구대에 유치장을 만들고 판사가 순회하면서 즉결 구류명령을 선고했으면 한다.

매는 맞아도 헤어질 순 없어요

- 남편의 폭행에 대처하는 법

    오늘날 여성의 권리와 지위는 격세지감이 느껴질 정도로 향상되었다. 하지만 아직도 우리 사회 곳곳에는 남성 중심의 가부장적 요소가 온존해 있다. 이로 인한 문제들도 한둘이 아니다. 이 부부는 27년 전 동대문의 한 재봉공장에서 처음으로 만났다. 한창 잘나가는 공장의 남직원과 예쁘고 성실한 여직원의 만남이었다. 서로에 반한 둘은 행복한 미래를 약속하며 부부생활을 시작했다.

    한동안 꿈 같은 나날을 보내던 두 사람에게 청천벽력 같은 소리가 들려왔다. 남편인 김재수(가명)가 고향 친구의 보증을 서 준 것이 잘못되었다는 소식이었다. 졸지에 빚더미에 오르게 된 그는 그 후로 자포자기 상태가 되어 연신 술만 마셔댔다. 아내는 그런 남편을 보며 한동안 저러다가 말겠지, 다시 예전의 성실하고 따뜻한 사람으로 돌아오겠지 하는 마음으로 꾹 참고 기다렸다. 하지만 그것은 아내의 순진한 기대일 뿐이었다. 남편의 성격은 점점 거칠게 변해갔다. 더 이상 사람을 믿지 못하고, 심지어 아내에게 손찌검까지 하게 되었다. 폭력을 행사하는 횟수와 강도가 점점 심해졌다. 결국 이를 보다 못해 주변 사람들이 경찰에 신고를 하기에 이르렀다. 그럼에도 불구하고 아내는 요지부동이었다. 고소는 물론 어떤 방어태세도 취하지 않았다. 차마 남편에 대한 믿음과 기대를 포기할 수 없었던 것이다. 난감한 상황이 아닐 수 없었다. 사실혼 관계인 두 사람은 아직도 헤어지지 않은 채 그렇게 살고 있다. 어떻게 하면 아내에게 도움을 줄 수 있을까?

생각1. 가정에서 폭력을 당하는 여성들은 심리적으로 늘 불안한 상태에 놓여 있다. 두렵고 불안하며 죄책감에 시달리기도 한다. 자신을 쓸모없는 존재로 여기는가 하면 마땅한 출구가 없다며 지레 포기하고 갑갑한 현실에 순응하며 살아간다. 우선 아내가 심리치료부터 받게 도와주었으면 한다.

생각2. 가정폭력이나 학교폭력은 모두가 노력해야 해결의 실마리를 찾을 수 있다. 경찰과 보건소 정신보건센터가 합동으로 사건 관련 피의자에 대한 환경조사서를 작성하여 자료의 정확성을 높이는 것도 좋은 방법이다. 현재는 너무 형식적으로 작성되는 경향이 있고 검증 절차도 없어 가치가 떨어진다. 실질적인 조사가 재발 방지의 전제 조건이다.

 경찰이라면 어떻게 할까

파출소에 신고가 들어오는 사건들 가운데 약 30% 이상을 차지하는 것이 가정폭력이다. 대부분 불구속으로 처리되거나 조사 도중에 처벌을 원치 않는다는 피해 당사자의 요청 때문에 공소권 없음으로 내사종결되는 경우가 다반사다. 가정폭력처벌특례법으로 정한 임시조치 청구라는 것도 강제력이 담보되지 않고 처리 기간이 지나치게 길어 실효성이 떨어진다. 이래저래 가정폭력 사건은 해결이 어려운 난제 중의 난제다. 그렇지만 방법이 없는 것은 아니다.

우선 조사를 받을 때부터 피해자가 경찰서에 자신을 보호시설로 인도해 달라는 요청을 할 필요가 있다.(가정폭력 범죄의 처벌 등에 관한 특례법 제5조 응급조치) 까딱 잘못하다간 처리 과정에서 또 다른 피해가 발생할 우려가 있기 때문이다.

경찰 역시 피해자를 응급 의료기관으로 인도해 주는 한편, 가해자를 주거지로부터 격리하거나 일체의 접촉을 금지하는 등의 임시조치 청구를 할 수 있다는 사실을 피해자에게 알리고 적극적으로 대응하도록 유도할 필요가 있다. 이와 같은 임시조치 이후에도 가해자의 보복이 우려된다면 경찰서에 신변보호 조치를 취해줄 것을 서면으로 요청할 수 있다. 가해자의 반성과 통사정으로 합의해 주는 경우라도 금주 치료 약속이나 반성다짐서 징구, 좋은 남편·아버지 학교 입교 등의 별도 조건을 붙임으로써 사후를 확실히 해두는 편이 안전하다.

제도적으로는 가정폭력 사건을 친고죄에서 배제하고, 일정 기간 동안 강제적으로 격리할 수 있게 하는 등의 실질적인 조치를 서둘러야 한다.

폭력 가정은 폭력의 온상과도 같다. 폭력 아동, 정신이상 범죄자(속칭 사이코패스)가 모두 폭력 가정으로부터 나온다. 따라서 폭력을 행사하는 사람에 대한 단호하고 신속한 조치가 취해져야 한다.

폭력 배우자는 이유를 불문하고 바로 유치장에 수감하고, 다음 날 법원으로 이송하여 구류, 교육 및 치료, 수강명령, 접근금지(제한)명령을 받도록 해야 한다. 이때 판사는 배우자와 자녀 등을 배석시켜 가해자의 진술을 들을 수 있게 할 필요가 있다. 또한 경찰이 가정폭력 현장을 확인하기 위해 집에 들어갈 수 있도록 해야 한다. 아울러 혐의자 조사를 위해 경찰서에 강제동행할 수 있도록 현행범체포요건을 완화하는 등 법적·제도적 장치를 보완할 필요가 있다.

아들을 고소한 어머니

– 존속폭행의 진실과 처리

우리나라는 예로부터 동방예의지국東方禮儀之國이라 불릴 만큼 예를 숭상하고 충과 효를 중시했다. 그러던 것이 현대에 이르러 예의는 실종되고, 효를 가벼이 여기는 풍조가 만연하게 되었다. 그와 함께 가족 안에서 볼썽사나운 꼴이 빈발하고 있다.

이독남(가명)은 1남 3녀 중에 장남으로 귀여움을 독차지하며 자랐다. 부모님은 그가 취업하자 동시에 결혼을 재촉했다. 혹여라도 대가 끊어지지 않을까 싶은 염려에서였다. 그 성화에 못 이겨 이독남은 서둘러 가정을 꾸리게 되었다. 이제 떡두꺼비 같은 아들만 낳으면 만사형통일 것 같았다.

모두가 학수고대하며 남자 아기가 태어나기를 기다렸다. 하지만 아무리 기다려도 아기 소식은 없었다. 용하다는 한약을 써

보기도 하고 잘 보기로 소문난 병원을 찾아다니기도 했지만 별무소용이었다. 이독남 부부는 다급해하는 부모님과 달리 아기는 하늘이 주는 선물이라 생각하며 마음을 비웠다. 비우면 채워진다고 했던가. 과연 마음을 비운 이 부부에게 1년 후 기쁜 소식이 날아들었다. 부모님을 비롯한 이독남의 가족들은 모두가 기쁨으로 흥분을 감추지 못했다. 말 그대로 잔칫집 분위기였다.

마침내 기다리고 기다리던 손자가 태어났다. 행여 닳지는 않을까, 부모님은 손자를 손에서 내려놓지 않았고, 가정에는 웃음소리가 끊이지 않았다. 손자는 그렇게 온 가족의 사랑과 보살핌을 받으며 무럭무럭 자라났고 어느덧 자기 의사도 표현하고 고집도 피울 줄 알게 되었다.

한데 귀여움만 받고 자란 탓인지 손자에겐 거칠 것이 없었다. 무엇이건 자기 맘대로 하려 들었다. 함부로 할머니, 할아버지 머리채를 잡아당기고 제 성에 차지 않으면 손에 든 물건을 가차없이 집어던졌다. 어디에서 배웠는지 심지어 욕설까지 마구 내뱉었다. 망나니 손자가 따로 없었다. 이럴 땐 부모가 야단을 쳐서 바로잡아야 하거늘 이독남 부부는 아이가 그럴 수도 있다며 대수로이 넘겼다. 같은 일이 반복되자 할 수 없이 할머니가 팔을 걷어붙였다. 눈에 넣어도 아프지 않을 만큼 예쁘고 귀한 손자이지만 이대로 가다간 잘못되겠다고 생각하고 제멋대로 구는 아이에게 따끔하게 혼을 냈다. 아이는 금방 울음을 터뜨렸고 이를 본 아들이 순간 화가 나서 어머니를 밀쳐버렸다. 그 바람에 어머니는 손목에 금이 가는 상처를 입고 말았다. 어머니는 참다 못해 아들을 존속폭행으로 경찰에 고소했다. 어머니가 아들을 고소한 이 사건을 어떻게 하면 좋을까?

생각1. 아들이 어머니에게 진심으로 사죄하고 반성한다면 입건해서 피의자 신문조서를 받기보다 불입건하는 것이 낫지 않을까 생각한다.

생각2. 존속폭행 같은 패륜범죄는 정도가 가벼워도 반드시 처벌해야 한다.

 경찰이라면 어떻게 할까

사실 존속폭행은 정서적으로나 법률적으로나 엄벌 또는 가중처벌로 다스릴 수 있게 되어 있다. 하지만 실제로는 그러한 경우가 거의 없다. 자손의 처벌을 원하는 사람이 없기 때문이다.

위의 예처럼 아들이 순간적인 감정을 참지 못해 어머니를 다치게 했을 때는 차후에 재발하지 않게끔 확실한 사후보장을 해두는 것이 좋다. 처벌은 할 수 없더라도 아들이 정말로 잘못을 뉘우쳤는지 수시로 점검해야 한다. 필요하다면 이웃 주민들에게 협조를 구할 수도 있다. 아들이 폭력을 행사할 경우 즉시 경찰에 알리도록 하는 한편, 그들의 의견을 수렴하여 정도를 넘어섰다고 판단되면 즉각 구속하는 등의 강력한 조치를 취할 수 있어야 한다.

존속폭행은 당사자의 처벌의사보다 죄질을 최우선적으로 고려하여 신병 처리를 결정하는 것이 옳다. 이를 위해 보호관찰이나 교육봉사, 치료명령 등을 통한 사후관리가 법적, 제도적으로 뒷받침되어야 함은 물론이다.

대만에서는 가정폭력 신고가 자주 들어오는 가정을 '특별히' 관리한다. 경찰관이 정기적으로 또는 수시로 가해자를 면담하거나 가정을 직접 방문하여 상황을 점검한다. 이를 위한 법적, 제도적 뒷받침도 철저하다. 우리나라 역시 꾸준한 제도 개선 노력과 함께 경찰, 자치단체, 보건소가 공조하여 관리에 소홀함이 없도록 해야 한다.

제 남편을 신고합니다
– 신고는 했지만 처벌을 원하지 않을 때

　요즘 사람들은 쉽게 만나고 쉽게 헤어지는 경향이 있다. 한때는 좋아서 한시도 떨어져 있을 수 없다며 천년의 사랑을 약속하지만 언제 그랬냐는 듯 쿨하게(?) 갈라서는 것이 요즘 젊은이들의 사랑법이다. 지고지순한 사랑은 박물관에나 있을 법한 이야기가 되어버렸다. 어려서부터 같은 마을에서 나고 자란 혁재(가명)와 소라(가명)는 소꿉동무이자 단짝 친구였다. 초등학교, 중학교를 함께 다니는 동안 웬만한 동성 친구들보다도 친하게 지냈고, 고등학교에 진학하면서부터는 얼굴을 자주 볼 수 없었지만 간간이 서로의 안부를 묻곤 했다. 목표로 한 대학에 진학한 혁재는 한동안 연락을 하지 못했던 소라의 소식이 궁금했고 수소문 끝에 다시 만나게 되었다.

오랜만에 만났지만 소라는 예전의 모습 그대로였다. 혁재는 반가운 마음에 소라를 왈칵 안고 말았다. 그런데 이게 웬일일까. 어릴 적 친구로만 생각했던 소라에게서 성숙한 여인의 향기가 느껴지는 것이 아닌가. 혁재의 가슴이 콩닥콩닥 두근거렸다. 이렇게 둘의 사랑은 시작되었고, 한시도 떨어져 있기 싫은 혁재와 소라는 부모님 몰래 동거에 들어갔다.

하지만 사랑과 생활은 달랐다. 서로의 모든 허물을 사랑으로 감싸주며 지내자고 굳게 약속했건만, 두 사람의 관계가 조금씩 틀어지고 있었다. 소라는 졸업을 하고도 취업을 못 하는 혁재가 실망스러웠다. 처지가 그러함에도 노력하지 않는 모습에 더욱 화가 났다. 혁재의 마음도 불편하기는 마찬가지였다. 자신을 대하는 소라의 모습 속에서 작아지고 초라해진 자신을 확인하는 것이 참기 힘들 정도로 괴로웠다. 인내심의 한계를 넘어서자 혁재는 과격해졌다. 집기를 부수고, 아무 이유 없이 소리를 질렀다. 마치 정신분열증 환자 같았다. 급기야 손찌검하는 일까지 생겼다.

소라는 마음이 아프고 억울했다. 하지만 첫사랑의 순애보를 잊고 싶지 않았다. 곧 변화될 거라는 믿음으로 어려움을 견디고자 했다. 하지만 폭력은 더 심해져갔고 결국 경찰에 신고하기에 이르렀다. 지옥으로부터 탈출하는 길은 혁재를 유치장에 넣는 방법밖에 없다고 생각했다. 그런데 마음이 또 흔들렸다. 혁재에 대한 연민이 일었다. 새사람으로 거듭날지도 모른다는 기대가 그녀를 약하게 만들었다.

신고는 했지만 처벌은 하지 말아달라는 그녀의 요청을 들어주는 것이 좋을까?

생각1. 왜 처벌을 원치 않는지에 대한 면밀한 조사부터 해야 하지 않을까? 처벌의사 유무와는 별도로 더 이상의 폭력을 행사하지 못하도록 즉 결심판에 회부하여 판사에게 혼을 내주게 하거나 가정폭력상담소의 교육 이수명령, 보호관찰관 지정 등이 필요하다고 생각한다.

생각2. 가정폭력은 관대하게 처벌하면 안 된다. 반성이 없거나 수차례 이어지는 폭력은 유치장에 입감시켜야 한다.

 경찰이라면 어떻게 할까

경찰은 교통사고나 절도, 폭력으로 인한 피해자를 조사할 때 "가해자의 처벌을 원하나요?" 하고 물어본다. 처벌을 원해서 신고를 했겠지만 일단 위급한 상황을 벗어나려고 신고를 했다가 여러 가지 이유로 마음이 바뀌는 경우도 적지 않기 때문이다. 그런데 피해자의 마음이 바뀌었다고 해서 가해자를 그냥 풀어주는 것이 과연 온당한가에 대한 문제는 명쾌하게 답하기 어렵다. 강압에 의한 것일 때도 있고 가해자가 재발 방지를 굳게 약속하고도 지키지 않아 그대로 돌려보냈을 때 더 큰 문제가 발생할 우려가 있기 때문이다. 그래서 신중하고도 세심한 경찰의 대응이 중요하다. 처벌을 원치 않는 이유가 구체적으로 무엇인지, 가해자와의 합의를 위해 어떤 노력을 했는지 등을 자세히 알아보아야 한다. 이를 토대로 이후의 처리 방향을 결정해야 뒤탈을 최소화할 수 있다. 간혹 쌍방의 합의가 가해자의 경제력에 좌우되는 경우가 있는데, 이때는 특별한 주의가 요망된다. 물질적인 보상 여부뿐 아니라 합의약정 위반 시 어떤 제재도 감수하겠다는 다짐을 문서로 남겨놓는 것이 안전하다.

물론 합의를 한다고 해서 무조건 좋은 것이 아니다. 합의를 하더라도 잘해야 원만한 해결을 볼 수 있고 그래야 뒤탈도 생기지 않는다. 그런데도 '이 사건에 대해 어떠한 민·형사상 처벌을 원치 않는다'라는 간단한 문구만으로 합의서를 제출하는 경우가 허다하다. 합의의 조건을 좀 더 명백하고 구체적으로 명시할 필요가 있다. 다음과 같은 합의의 조건이 있다.

1. 가해자의 성의 있는 사과
2. 재발 방지를 위한 교육, 검진 및 치료명령 이행
3. 피해자 근처 접근금지(제한) 및 통신제한 조치 이행
4. 재범 시 어떠한 처벌도 감수하겠다는 약속
5. 경찰관의 출석 요구에 적극 협조하겠다는 의사 표현

등을 합의서에 담아야 합의의 담보력을 강화할 수 있다.

제발 저 좀 구해주세요

– 학대당하는 아이를 어떻게?

세상에는 정말로 다양한 유형의 사람이 있다. 법 없이도 살 수 있는 사람, 얼굴은 사람이지만 마음은 짐승보다 못한 사람…. 당신은 어느 쪽에 가까운가?

김인수(가명) 부부는 비정했다. 얼마 전 이들 부부는 친척이 서울에서 양육하던 14살 된 아들을 데리고 왔다. 다른 사정으로 친척 집에 맡겼다가 중학교 입학을 앞두고 자기들이 키우겠다며 함께 평택에 있는 자기 집으로 간 것이다. 그것이 아들에게 고통의 시작이 될 줄은 아무도 몰랐다.

김인수는 아들을 데려온 후 약 5개월 동안 걸핏하면 폭력을 휘둘렀다. 말을 듣지 않는다며 바둑판으로 머리를 내리치는가 하면 대나무회초리로 종아리를 사정없이 때렸다. 폭력적인 아버지 밑에서 아들은 전치 3주의 상처를 입었다. 어머니도 아버지 못지않았다. 한겨울인데도 찬물로 목욕을 시키고 하루 걸러 한 번씩 아파트 베란다에 맨발로 서 있게 했다. 30분 이상 벌을 서면서 아들은 발에 동상이 걸려 말 못 할 고생을 해야 했다. 아무리 의붓어머니라고 해도 너무 심한 처사가 아닌가.

다행히 이웃의 신고로 경찰이 출동하여 부모의 학대부터 불쌍한 아들을 구출해 냈다. 육체적, 정신적 고통에 시달리던 아들은 인근 아동학대예방센터로 인계되어 비교적 안정된 분위기에서 학업과 치료를 받게 되었고, 비정한 부모는 법의 처분을 기다리고 있다.

가정폭력을 해결하는 방법은 무엇일까? 상대적 약자들을 보호할 수 있는 방법은 무엇일까?

생각1. 미국이라면 위와 같은 부모는 즉시 구속감이다. 단순한 가정폭력이라고 생각하지 말고 강력 조치해야 한다. 사건 처리도 중요하지만 피해 아동의 안전과 선도가 우선되어야 한다.

생각2. 가정폭력 사건이 일어나도 경찰은 세밀한 조사를 하지 않는다. 부인과 아이들이 폭행을 당한 이유가 무엇인지, 과거에도 유사한 일이 있었는지, 가해자에게 정신적인 질환이 있는지 등을 자세히 알아보고 나서 대책을 마련하는 것이 올바른 순서다. 폭력을 둘러싼 사람들에 대해 종합적인 진단을 실시해야 한다. 진단 결과에 따라 치료나 교육을 받게 하는 것도 좋은 방법이다.

 경찰이라면 어떻게 할까

가정폭력에는 부부 싸움만 있는 게 아니다. 아동 학대와 혹사, 영아 유기 등이 모두 포함된다. 이혼율이 점증하고 재혼이 보편화되면서 이와 같은 가정폭력 사례도 함께 늘어나고 있다. 특히 새아버지나 새어머니에 의한 학대 행위가 심각하다. 대부분의 가정폭력이 그렇듯이 단지 드러나지 않을 뿐이다.

여러모로 가정폭력 문제는 해결이 쉽지 않다. 당사자가 나서거나 누군가 가 외부에 알리지 않으면 수면 위로 떠오르지 않는 데다 설사 떠오른다 해도 사후 대책 마련에는 현실적 한계가 있기 때문이다. 그래도 알려지는 것이 숨겨져 있는 것보다는 낫고 한계가 있더라도 대책을 강구함이 마땅 하다. 이를 위해 주변의 이웃과 친구가 내 일처럼 나서야 하며, 경찰은 경 찰대로 주민들의 생활을 세심히 살피는 동시에 피해자가 발생했을 때는 대리인(보좌인)을 지정하고 친권을 제한하는 등의 적극적 조치를 취해야 한다.

문제가 있는 가정에서는 아이가 이상 행동을 보이는 경우가 많다. 자주 가 출을 한다거나 결석일수가 눈에 띄게 늘어난다. 이 외에도 폭력 신고가 잦 은 편이라면 해당 가정에 문제가 있다는 신호다. 문제 가정은 주변의 관심 과 치유의 손길을 필요로 한다. 일이 더 커지기 전에 경찰, 지자체, 교육청이 합동으로 대상 가정을 선정하고 주 1회든 월 2회든 주기적으로 방문하여 아이와 부모, 이웃들과 상담을 통해 문제를 진단하고 돌보아야 한다.

아동보호센터에도 경찰관이 상주하여 평택 원영이 사건처럼 부모가 양육을 핑계로 다시 데려가서 학대하는 일이 없도록 하여야 한다. 보호와 감독이 제대로 되어야 한다.

PART 2

10대들의 반란과 비뚤어진 성(性)의 진실

경찰이면 다야?
– 청소년범죄를 대하는 2가지 방법

무더운 여름날이었다. 어느 놀이터에서 고등학생들이 싸우고 있다는 제보가 들어왔다. 현장에 출동해 보니 덩치 큰 남학생들 서넛이 마구 엉켜 붙은 채로 멱살을 붙잡고 있었다. 근처에는 소주병이 수북이 쌓여 있었다. 학생들은 경찰관이 온 줄 뻔히 알면서도 싸움을 계속했다. 쉴 새 없이 주먹이 오갔다. 극도로 흥분한 한 학생은 벽돌을 집어 다른 학생의 머리를 내리치려고 했다. 경찰관이 이를 급히 제지하자 그 학생의 입에서 거친 말이 튀어나왔다.

"X같은 놈들, 경찰이면 다야? 왜 상관인데~?"

아무리 경찰관이라지만 몸집이 크고 힘이 센 이들을 제압하기란 결코 쉬운 일이 아니었다. 그 과정에서 한 경찰관이 부상을 당했다. 옆에 있는 학생이 내리치는 벽돌을 막다가 팔목에 상처가 난 것이다. 피가 흐르는 가운데 분위기는 더욱 험악해져 갔다. 이대로 가다간 무슨 일이 벌어질지 몰랐다. 도저히 학생들을 어찌할 도리가 없다고 판단한 경찰관은 결국 수갑을 꺼내 이들의 손목을 묶고 경찰서로 연행했다.

알고 보니 학생들은 학교에서도 문제아로 불리는 골칫거리들이었다. 학교폭력으로 적발되어 봉사활동을 한 것이 한두 번이 아니었다. 그때마다 부모들이 찾아와 다시는 이런 일이 없게 하겠다며 손발이 닳도록 빌고 사정하여 잡히고 풀려나는 일을 반복해 왔다. 이번에도 역시 부모들의 하소연이 뒤따랐다. 하지만 그냥 훈방하기에는 학생들의 행위가 결코 가볍지 않았다. 이들은 입건되어 여성소년계로 넘겨졌다. 나날이 증가하는 청소년 사범들에 대한 처벌은 어떻게 하는 것이 바람직할까?

생각1. 입건할 것인가, 유예할 것인가? 이는 신중한 판단이 요구되는 사안이다. 입건하는 순간 범죄경력조회에 등재되고 낙인이 찍혀버리기 때문이다. 특히 청소년 범죄의 경우는 신중에 신중을 기해야 한다. 장래를 고려하여 반성의 기미가 보이면 기회를 주고 입건유예하는 방안을 검토해야 한다.

생각2. 요즘 공무원 면접시험을 보러 오는 젊은이들을 보면서 참으로 안타까운 마음이 들 때가 종종 있다. 청소년 시절에 까딱 잘못해서 범죄경력에 등재되고, 실효되어 있더라도 수사경력 자료로 참고하다 보니 아무리 공부를 열심히 해서 1차 관문을 통과해도 신원조회에 걸려 꿈을 접어야 하는 이들이 있다. 제도적 보완이 필요하다.

경찰이라면 어떻게 할까

사건 조사를 하다 보면 종종 "이게 전과기록으로 남나요?" 하고 묻는 사람이 있다. 기록으로 남아 일명 '전과자'가 됨으로써 나중에 불이익을 당하지나 않을까 염려되기 때문이다. 실제로 전과기록 때문에 공무원 임용 과정에서 탈락하는 사람들이 있다.

전과기록은 한마디로 형을 받은 사람에 대한 기록이다. 구체적으로는 수형인명부, 수형인명표, 범죄경력자료를 통칭하는 용어인데, 형사 입건이 되면 무죄판결을 받지 않는 한 전과기록이 남게 된다. 하지만 즉결심판은 이에 해당하지 않는다. 따라서 경미한 범죄라면 형사입건보다는 즉결심판에 회부하는 편이 낫다. 청소년 범죄의 경우에는 특히 그렇다.

주변의 노력도 중요하다. 폭행이나 오토바이 절도 등에 가담한 자녀의 부모라면 무조건 선처만을 바라지 말고 즉결심판에 회부해 달라는 탄원서를 경찰서에 제출하는 것이 좋다. 실제로 이렇게 해서 오토바이 특수절도 (2인 이상 공동 절도)처럼 즉결심판 대상이 되지 않음에도 불구하고 즉결심판에 회부되어 선고유예 처분을 받은 사례가 있다. 물론 경찰의 노력이 있어 가능했던 일이다.

스마트폰이 너무 갖고 싶어서

- 유혹에 넘어간 어느 고등학생의 비행

'계급'은 사회에만 존재하는 것이 아니다. 학생들 사이에도 일명 급이란 게 있다. 어떤 점퍼를 입고, 어떤 휴대폰을 가지고 다니느냐에 따라 서열이 정해지는 것이다. 노스페이스 점퍼에 신형 스마트폰 하나쯤은 있어야 또래들과 자연스럽게 어울릴 수 있다고 한다.

철수(가명)는 할머니와 단둘이 살았다. 부모님의 이혼으로 어렸을 때부터 할머니 손에서 자랐다. 철수는 친구들이 부모님과 함께 놀이동산에 가거나 폼 나는 장난감을 가지고 노는 모습을 보면 한없이 부러웠다. 그에 반해 아무것도 가진 것이 없는 자신의 처지가 원망스러웠다. 학교 수업이 끝나면 철수는 늘 혼자였다. 끼리끼리 어울려 학원에 가는 친구들을 뒤로하고 저녁 늦게까지 놀이터에서 그네를 타거나 쪼그려 앉아 시간을 보내야만 했다.

철수와 할머니는 기초생활수급자에게 지원되는 돈으로 간신히 먹고살았다. 항상 쪼들리는 생활에 놀이동산으로 놀러가거나 장난감을 산다는 것은 허황된 욕심에 불과했다. 하지만 그런 힘든 환경에서도 철수는 늘 밝은 모습을 잃지 않았고 학교에서도 친구들과 두루두루 잘 지냈다.

그런 철수가 사고를 친 것은 공업고등학교에 진학한 다음이었다. 중학교를 졸업하고 나서 취업을 빨리 할 수 있다는 공고에 들어간 철수는 학교 분위기가 마음에 들지 않았다. 말과 행동이 거친 애들이 많았고 잦은 폭력으로 경찰관들이 학교에 출입하는 경우도 적지 않았다. 그래서였을까? 철수는 유혹을 뿌리칠 수 없었다. 정말이지 그동안은 잘 참아왔는데 친구들이 손에 들고 다니는 최신 스마트폰이 너무도 탐이 났다. 그걸 가지면 세상을 다 가질 수 있을 것 같았다. 충동을 이기지 못한 철수는 어느 날 약한 친구를 위협해 스마트폰을 빼앗고 말았다. 스마트폰의 유혹에 넘어가 범행을 저지른 철수를 어떻게 해야 할까?

생각1. 형사입건보다는 즉결심판에 회부해 판사로부터 따끔한 훈계를 받게 하는 것이 좋겠다. 그리고 가해 학생에 대한 기계적 처벌에서 탈피하여 피해 학생에 대한 보호·배려 정책을 과감히 시행해야 한다.

생각2. 처벌만이 능사는 아니다. 무엇보다 우선해야 할 것은 다시는 그런 일이 일어나지 않도록 경각심을 주고 회개하게 하는 것이다. 또한 지역사회 전체가 관심을 가지고 보살펴야 한다.

 경찰이라면 어떻게 할까

학생이 학교폭력사범이 되면 소년부에 송치되고 결정 시까지 최장 6개월을 기다려야 한다. 뿐만 아니라 등교 정지에다 강제전학 처분까지 받는다. 형사입건될 경우 전과자라는 낙인까지 찍히게 된다. 무엇보다 재범을 막는 것이 중요하다. 그러기 위해서는 범행의 근본 원인이 무엇인지 꼼꼼히 분석하여 우범환경을 차단하는 한편, 일정 기간 동안 선도보호시설에 위탁 처분하여 반성과 재활의 시간을 갖게 할 필요가 있다. 『명심보감』, 『천자문』, 『사자소학』, 『부모은중경』 등을 매주 100번 정도 자필로 써서 제출하게 하는 것도 좋은 방법이다.

가해 학생과 피해 학생 간의 용서와 화해에도 신경을 써야 한다. 가해 학생을 다른 곳으로 보낸다고 해서 문제가 해결되지 않는다. 가해 학생이 진정으로 잘못을 뉘우치고 앞으로 원만한 인간관계를 형성해 나갈 수 있게 보살펴야 한다. 여기에는 경찰과 학교, 지역단체가 따로 있을 수 없다. 자신을 이끌어줄 만한 가정환경을 갖지 못한 학생을 위해 모두가 보호관찰관을 자처하고 수시로 찾아가 대화를 나누면서 관심과 도움을 주어야 할 것이다.

학생의 우발적 범행에 대해서는 입건보다 잘못을 뉘우칠 수 있는 반성의 기회를 주는 것이 낫다. 그러기 위해서는 경찰에서도 할 수 있는 입건유예 조치가 적절하다. 법원에서 용서해주는 제도로 집행유예나 선고유예가 있지만 그래도 범죄 경력(속칭 전과)에는 남게 된다. 입건유예를 하되 반성문, 사회봉사, 교육명령, 상담명령 등의 조건을 붙이면 전과자가 되는 것을 막으면서 같은 잘못을 되풀이하지 않게 인도할 수 있다.

하나님은 용서해 주시겠지!

– 가출청소년과 목사의 고민

"수고하고 무거운 짐 진 자들아, 내게로 오라. 내가 편히 쉬게 하리라."

성경에는 이렇게 쓰여 있지만 현실은 그렇지 않다. 가출청소년들은 더욱 그렇다. 세상에 갈 곳이 없다. 편안히 쉴 곳이 있을리 없다. 나올 때 가지고 나온 돈이 떨어지면 서글프기 짝이 없다. 그래도 낮에는 그럭저럭 공원에서 배회를 한다고 하지만 해가 지면 잘 곳이 없어 늘 고민이다.

일단의 가출청소년들이 있었다. 이들은 마땅한 잠자리를 물색하던 중 인근의 한 교회를 알게 되었다. 교회는 낮이건 밤이건 기도하러 오는 성도들을 위해 상시 개방되어 있었고, 성경의 말씀대로 교회라면 자신들의 모든 허물을 감싸주고 받아줄 거라고 생각했다. 과연 예상은 빗나가지 않았다. 교회 목사님과 성도들이 가출청소년들의 딱한 처지를 알고 그들에게 편의를 봐주었다. 잘 곳과 먹을 것을 제공하며 따뜻한 배려를 해주었다. 얼마 안 가 이 교회에 대한 소문이 쫙 퍼져나갔다. 그와 함께 가출한 다른 청소년들이 하나둘 꼬이기 시작했다. 좋은 곳이 있다는 말을 듣고 기회는 이때다 싶어 찾아든 것이다.

교회는 순식간에 가출청소년들의 아지트가 되었고, 수가 불어나면서 이들의 행동이 도를 넘어서게 되었다. 어디서 구해왔는지 버너로 라면을 끓여 먹는가 싶더니 여기에 소주를 곁들여 자기들만의 축제를 벌이는 것이었다. 게다가 담배까지 풀풀 피워댔다. 함부로 버린 담뱃불로 화재가 날 뻔하기도 했고, 싸움을 벌여 기물이 파손되기도 했다. 교회는 그야말로 난장판으로 변해버렸다. 보다 못한 성도들이 등을 돌리면서 교회는 십자가가 무색할 정도로 점점 우범지대가 되어갔다. 목사님은 고민에 빠졌다. 누구보다 사랑이 부족한 아이들이기에 모든 걸 용서하고 변화시켜야겠다고 다짐했건만 아이들의 탈선이 손을 쓰기 힘든 상태가 되다보니 다른 수단을 강구해야겠다고 생각했다. 그 와중에 성난 성도들이 먼저 경찰에 도움을 요청했고 청소년들은 즉각 현장에서 검거되었다.

갈 곳 없는 청소년들의 방종을 잠재우고 그들을 올바른 길로 인도하는 방법은 무엇일까?

생각1. 다시는 같은 일이 발생되지 않고, 제대로 살 수 있도록 조치를 취해야 한다. 반성이 없으면 유치장에 수감하되 석방하는 경우에도 재범하지 않도록 잘 살펴줘야 한다. 사랑이 부족한 아이들이다.

생각2. 가장 중요한 것은 가출청소년들을 위한 실질적인 쉼터를 제공하는 일이다. 청소년 업무를 담당하는 공직자들이 소년보호분류심사원, 소년원 등을 찾아가 그들의 말에 귀 기울이고 현실에 맞는 쉼터를 마련하고 가정으로 복귀할 수 있는 프로그램을 만들어야 한다.

 경찰이라면 어떻게 할까

청소년 관련 사건을 처리할 때 가장 주안점을 두어야 하는 것은 '무엇이 이 청소년을 범죄에 빠지게 했는가'에 관한 문제다. 대부분은 마음 붙일 곳이 없어 밖으로 떠돌다가 비슷한 처지의 아이들끼리 만난다. 저희들끼리 뭉쳐 사고를 치는 것이다. 결손가정이나 이혼가정, 불우한 가정의 청소년들이 어느 순간 범죄자가 될 공산이 큰 까닭이다. 문제가 있는 모든 가정의 환경을 한꺼번에 바꾸기란 현실적으로 불가한 일이다. 그렇다면 차선책을 강구해야 할 것이다. 바로 거리를 배회하는 아이들에게 심신의 안식처를 제공하고 우범환경으로부터 이들을 보호하는 일에 역점을 두어야 한다. 기부천사로 유명한 가수 김장훈 씨가 가출청소년들을 위해 시작한 쉼터버스 '꾸미루미'가 좋은 예이다.

범죄를 저지른 가출청소년에 대해서는 스스로를 돌아보는 성찰의 시간과 교육의 기회를 부여해야 한다. 그냥 방치하면 끊임없이 가출을 되풀이하게 된다. 제대로 보호, 관리해줄 친권자나 후견인이 없기 때문이다. 법을 개정해서라도 긴급 보호관찰명령 처분을 받도록 해주어야 한다. 경찰서에서 조사 종료 후 결정 전까지 교회 같은 종교단체나 청소년선도 보호단체와 연계하여 안식처 제공과 취업알선 및 학업 환경 조성 등의 지원과 선도를 해주는 것도 좋은 방안이다. 경찰서 행정발전위원회, 검찰청 범죄예방위원회에서 이 같은 역할을 담당할 수 있다.

그 친구가 미웠어요

– 학교폭력의 악순환을 막으려면

학교폭력 문제가 심각하다. 예전이나 지금이나 학교폭력은 있어왔지만 요즘처럼 심각한 적이 없었다. 원인이 무엇일까? 단적으로 말하면 인간관계의 파괴 때문이다. 극심한 경쟁과 물질 만능주의가 낳은 비인간적 소외와 소통의 부재 탓이다.

영환(가명)은 교수인 아버지와 의사인 어머니 사이에서 부족한 것을 모르고 자랐다. 항상 풍족한 생활을 하면서 원하는 것은 무엇이건 손에 넣으려 했고, 돈이면 무엇이든 다 할 수 있다는 생각을 갖게 되었다. 친구들을 자기 편으로 만드는 방법도 마찬가지였다. 맛있는 음식을 사 주거나 예쁜 선물을 주어 친구들의 마음을 사려고 했다.

강한 승부욕과 자존심을 가진 영환이었다. 세상 무서울 게 없어 보이는 그에게도 천적은 있었다. 그 천적이란 다름 아닌 착하기로 소문난 진구(가명)였다. 진구는 아버지 없이 어머니와 함께 단둘이 살았지만, 언제나 밝은 성격으로 친구들에게 인기가 많은 아이였다. 어려운 가정 형편임에도 불구하고 자기보다 힘든 친구들을 기꺼이 도와주는 친구였다. 그런 진구를 영환은 늘 못마땅하게 여겼다.

'언젠가 한번은 손을 꼭 봐줘야겠어.'

영환은 학교에서 '짱'으로 불리는 일진에게 도움을 청했다. 어느 날 진구는 영문도 모른 채 일진에게 둘러싸여 집단폭행을 당했다. 온몸은 상처투성이가 되었고 마음은 그보다 깊은 상처와 분노로 가득하게 되었다. 그로부터 얼마 후 우연히 사건의 진실을 알게 된 진구는 분을 참을 수 없었다. 왜 아무런 잘못도 없는데 폭행을 당해야만 한단 말인가. 그 길로 진구는 영환을 찾아 응징했다. 영환은 경미한 수준의 상해를 입었다. 이 사실을 알게 된 영환의 부모가 경찰에 신고했고, 진구는 체포되었다.

불구속 입건된 상태에서 반성의 시간을 보낸 진구에게 6개월 후 보호관찰 처분이 내려졌다. 과연 온당한 처분일까? 좀 더 신속하고도 효과적인 처분은 없을까?

생각1. 불구속된 청소년들을 위한 별도의 선도교육 프로그램을 만들었으면 한다. 학교와 보호관찰소, 종교와 시민단체 등이 힘을 합치면 얼마든지 가능한 일이다. 그렇게 하면 청소년들이 죄를 뉘우치고 바른 삶을 사는 데 큰 도움이 될 것이다.

생각2. 학교폭력에 연루된 가해자들이 재범을 하지 않도록 관리하는 것이 중요하다. 그러기 위해서는 가정과 학교, 교우관계에 대한 정확한 조사가 선행되어야 한다. 현재의 조사방식은 형식에만 치우친 나머지 현장엔 가 보지도 않고 서류 작성에만 매달리는 경향이 있다.

경찰이라면 어떻게 할까

학교폭력으로 인한 피해자가 급증하면서 경찰, 검찰의 소년부송치 처분도 더불어 늘어나고 있다. 그 결과 재판부의 사건 부담도 가중되어 개정까지 최장 1년의 시간이 걸리는 실정이다. 그러는 동안 소년범은 소년범대로 고통과 악몽에 시달린다. 제대로 된 관리의 부재로 재범을 하게 되고 법정 출석도 기피하게 된다. 이와 같은 악순환의 고리를 끊는 노력이 긴요하다. 먼저 보호자의 노력이다. 자녀가 소년부에 송치되었을 때는 서둘러 소년 재판부에 심리, 결정을 내려달라는 탄원서를 보내야 한다. 탄원서에는 아이가 가출하거나 재범할 우려가 있다는 점을 강조하는 것이 효과적이다. 다음은 법적 개선 노력이다. 일반법원 형사부에서도 소년 사건을 다룰 수 있게 허용하고, 심리결정 기간도 송치 후 10일 내 하도록 하는 강제규정을 두어야 한다. 그리고 가해 학생, 피해 학생, 학부모, 교사, 수사 경찰 등 관련자 모두를 법정에 출석시켜 판사가 조정, 중재도 하고 교육, 봉사, 상담명령 등의 처분을 내리게 하는 것이다. 법 이름도 '즉결심판절차법' 대신 '경미사건 신속심리결정절차법'으로 바꾸는 것이 좋을 것이다.

모텔 투숙에 관한 불편한 진실

– 강간인가, 화간인가

박추남(가명)은 회사에서 속칭 '천연기념물'로 통했다. 그는 지금껏 연애 한 번 해보지 못한 숫총각이었다. 부끄러움을 많이 타는 성격 탓에 여직원들 앞에만 서도 얼굴이 금방 빨개지곤 했다. 그런 그에게도 남몰래 좋아하는 여인이 있었다. 같은 부서에서 일하는 정가인(가명)이라는 이름의 여직원이었다. 마침 부서 전체 회식이 있는 날이었다. '오늘은 무슨 일이 있어도 고백하리라'며 떨리는 마음을 다잡은 추남은 가인을 힐끔힐끔 쳐다보며 기회를 엿보고 있었다. 삼겹살 안주에 소주를 마시며 어느덧 회식 분위기가 한껏 달아올랐다. 이때 옆에 앉아 있던 동료 하나가 추남의 옆구리를 쿡 찔렀다.

"고백해! 고백해!"

이미 평소 주량을 훨씬 넘긴 상태였지만 추남은 그래도 정신을 바짝 차리고 가인 앞으로 성큼 다가가 자기 마음을 털어놓았다.

"가인 씨~ 사랑합니다. 저랑 사귀어주세요!"

비록 무뚝뚝하고 잘생기지도 않은 추남이었지만 가인은 그런 추남의 용기 있는 고백이 싫지 않은 표정이었다. 외모는 별로였지만 근면 성실하고 평생 자기 하나만을 사랑해 줄 것 같은 일편단심의 남자가 믿음직스럽게 보였다. 웃고 마시고 떠드는 사이 어느덧 밤은 깊어졌다. 자정 무렵에 가까운 시각이었다. 동료들이 하나둘 떠난 자리엔 추남과 가인 둘만 남게 되었다. 다른 날 같으면 한잔 더하자고 했을 법도 한데 날이 날이니만큼 동료들이 알고 자리를 피해준 덕분이었다. 하지만 두 사람도 이미 술에 만취한 상태였다. 동료들이 너도나도 권하는 술을 받아 마시다 보니 몸이 말을 듣지 않았다.

바른생활 사나이 박추남은 제대로 걷지도 못하는 가인을 집에 바래다주려고 갖은 애를 썼다. 하지만 말도 못 하고 축 처져 있는 그녀를 데리고 갈 방법이 막막했다. 한겨울이라 날도 추워 바깥에서 마냥 서 있을 수도 없었다. 할 수 없이 그녀를 부축해서 인근의 모텔로 들어갔다. 침대에 눕히고 일어서려는데 그녀가 추남의 손을 잡고 놓아주질 않았다. 순간 추남은 몽롱한 가운데서도 떨리는 감정을 억제할 수 없었다.

'이러면 안 되는데… 이러면 안 되는데….'

다음 날 아침잠에서 깨어난 가인은 놀라움을 금할 수 없었다.

필름이 끊겨 어젯밤 일은 전혀 기억에 없었지만 옆에 누워 있는 추남에게 겁탈을 당했다는 생각에 충격과 분노가 솟구쳤다. 가인은 추남을 강간범으로 경찰에 고소했고, 박추남은 동의하에 이루어진 일이라며 억울함을 호소했다.

모텔에 간 사람은 둘뿐인데, 과연 누구 말이 맞을까?

생각1. 피해자의 몸에 난 상처나 착용한 의복의 상태, 진술의 신빙성 등을 종합적으로 고려하여 판단해야 할 문제라고 본다.

생각2. 두 사람이 모텔에 갈 때 다툰 흔적이나 강제에 의한 상처가 없고, 관계에 대한 거부의사가 없었다면 화간도 배제할 수 없다.

경찰이라면 어떻게 할까

강간인가, 화간인가에 관한 판단은 당사자들이 모텔에 가게 된 경위와 육체관계에 이르게 된 과정 등을 종합적으로 수사하여 내려진다. 그럼에도 불구하고 그 진실을 둘러싼 논란이 심심찮게 벌어지곤 한다. 일반적으로 강간죄의 성립 여부에 영향을 미치는 요소들이 있다. 강간 발생일과 고소장 제출일의 차이, 강간 발생 후 피해자와 가해자의 정황, 강간 장소에 이르게 된 경위, 고소를 제기하게 된 배경 등이다. 따라서 사건에 연루되었을 경우 경찰서 출석 전에 이 같은 요소들에 대해 사실 그대로 적시한 자술서를 준비, 제출하고 나서 수사관의 조사에 임하는 것이 좋다.

강간인지, 화간인지 확실치 않을 때는 흔히 거짓말탐지기로 당사자 진술의 진실성을 가리라고 한다. 하지만 현실은 그렇지 않다. 거짓말탐지기 조사관이 턱없이 부족한 데다 양성도 잘 되지 않는 실정이다. 성관계 후의 휴대폰 통화내역과 신변을 조사하라고도 하지만 그래도 문제는 남는다. 강간죄는 오판의 가능성이 다분하다. 자칫 오판하면 당사자의 자살 등으로 이어질 수 있으므로 주의를 다해야 한다.

오빠가 수영 가르쳐줄까?

– 성추행을 판단하는 기준

최슬기(가명)는 집에 오면 늘 혼자였다. 수업이 파한 후 학원을 다녀와도 집에는 아무도 없었다. 맞벌이를 하는 부모님은 밤 9시가 되어서야 돌아오셨다. 매일 혼자서 TV를 보며 저녁시간을 보내야 했던 슬기는 부모님과 함께 저녁을 먹으며 대화를 나누는 친구들이 그저 부럽기만 했다.

지난 주말에는 간만에 가족 전체가 수영장에 가기로 되어 있었다. 가족이라곤 셋이 전부였지만 슬기는 엄마, 아빠와 함께할 시간이 너무도 기대되었다. 그런데 한순간에 모든 것이 물거품이 되어버렸다. 아빠의 갑작스러운 출장 때문이었다. 주말만큼은 아빠와 늘 함께였는데. 아빠 손을 잡고 나들이를 가는 것이 유일한 즐거움이었는데….

슬기는 할 수 없이 친구들과 함께 근처의 실내수영장에 가기로 했다. 친구들은 전에 강습을 받은 적이 있어서인지 자유형, 배영 등을 자유자재로 하며 물개처럼 쏜살같이 움직였다. 슬기는 그런 모습을 부러운 시선으로 쳐다보고 있을 수밖에 없었다. 이때 대학생처럼 보이는 남자 하나가 슬기에게 다가왔다. "처음부터 잘하는 사람은 없어. 용기를 내서 시도해 보면 물이 두렵지 않을 거야." 그는 슬기에게 수영을 가르쳐주겠다며 손을 내밀었다. 슬기는 순간 경계심이 들기도 했으나 인상이나 말투로 보아 참 친절한 사람 같다는 생각이 들어 그가 인도하는 대로 따랐다. 그는 슬기를 바닥에 눕히고는 수영할 때의 손동작부터 발동작까지 세세히 지도해 주었다. 그런데 점점 이상한 느낌이 들었다. 수영은 허리힘이 제일 중요하다며 자세를 교정해준답시고 자꾸만 허리와 엉덩이를 만지는 것이 아닌가. 처음에는 그냥 참고 넘어갔지만 갈수록 과감해지는 그의 손길에 슬기는 상당한 불쾌감을 느꼈다. 아무래도 강습을 빙자한 다른 의도가 있는 듯 보였다.

　한창 수영을 즐기던 친구들이 이 장면을 목격하고는 깜짝 놀라 경찰에 신고를 했고, 남자는 성추행범으로 경찰에 연행되었다. 온갖 그럴듯한 이유로 교묘하게 이루어지는 성추행에 발 빠르게 대처하는 방법은 뭘까?

생각1. 우리나라에서는 성추행 정도가 경미하고 피의자가 잘못을 인정하고 사과하면 불구속하기도 하는데, 미국에서는 일단 구속하여 조사를 벌인다고 한다. 강습을 빌미로 한 위와 같은 성추행은 당사자에게 씻을 수 없는 상처를 줄 수 있다. 강력한 조치가 바람직하다.

생각2. 어린 소녀가 충격에서 벗어나지 못할 것 같다. 경미하다고 불구속하는 건 더 심각한 성범죄를 조장할 우려가 있으므로 단호하게 처벌해야 한다고 생각한다.

경찰이라면 어떻게 할까

우리나라에서는 성추행범에 대해 솜방망이 처벌이 주를 이룬다. 어느 정도여야 성추행이 성립되는가에 대해서도 논란이 분분하다. 사정이 이렇다 보니 성추행 재범률(현재 40%)이 늘어나고, 강간 같은 더 큰 성범죄로 이어지기도 한다. 성추행도 엄연한 성폭행 사범이므로 엄벌할 필요가 있다. 아울러 치료명령 처분도 내려야 한다.

물론 주의를 요하는 경우도 있다. 귀엽다며 살짝 쓰다듬었을 뿐인데 성추행이라고 신고하는 경우도 있다. 물질적인 요구를 하기 위해 의도적으로 접근해 놓고 성추행이라고 주장하며 합의금을 받아내려고 하는 상습범도 있다. 성추행에 대해서는 단호하게 처벌해야 마땅하지만 그에 못지않게 오해나 함정의 여지는 없는지 세심하게 살펴보아야 하는 이유다. 가해자 처벌과 함께 정신건강검진을 받게 하는 것도 중요하다.

불안하다면서 왜 안 볼까?

– 성범죄자 신상 공개의 내면

    요즘 아이를 가진 부모들은 뉴스를 보기도 겁이 난다. 딸아이를 가진 부모는 더 그럴 것이다. 눈만 뜨면 접하게 되는 어린이 납치와 성폭행 관련 소식에 불안한 마음을 놓을 길이 없다. 경찰청 통계에 따르면 2011년에 발생한 13세 미만 아동에 대한 성폭력 범죄는 949건이었다. 하루 평균 3명의 어린이가 성폭력 범죄에 시달리고 있는 것이다. 공식적으로 집계된 것만 이러하니 실제로 드러나지 않은 범죄를 감안하면 아마도 훨씬 더 많은 아이들이 피해와 공포에 시달리고 있다고 봐도 좋을 것이다.

    이처럼 아동을 대상으로 한 성범죄가 기승을 부리고 있는데 그에 대한 대처는 여전히 미흡하다. 조두순, 김길태, 김수철 사건 이후 아동을 대상으로 한 성범죄자에 대한 처벌을 강화하고 사회안전망을 구축하겠다고 온 나라가 떠들썩했지만 그 효과에 대해서는 반신반의하는 사람들이 많다. 성범죄자의 전자발찌 착용과 신상정보 인터넷 공개 등이 시행되고 있지만, 이와 같은 미봉책으로는 부족하며 좀 더 근본적이고도 실질적인 대책이 나와야 한다고 요구하는 목소리도 높다.

아동 성범죄에 대한 불안심리가 팽배하고 각종 대책에 대한 불만과 비판이 드높다. 이런 시국 속에서 한 가지 눈여겨보아야 할 사실이 있다. 성범죄자 관련 정보를 대하는 사람들의 '무관심'이다. 자기 동네에 성범죄자가 살고 있는지 아닌지, 살고 있다면 어디에 살고 있는지 등에 대해 도통 관심이 없다. 신상정보를 공개해도 이를 열람하는 사람이 없다시피 한 실정이다.

왜 이리 관심이 적을까? 홍보 부족 때문일까, 아니면 요건이 까다로워서일까?

생각1. 학교 선생님과 학생, 학부모, 자치단체 공무원, 동장을 경찰서에 초청해서 직접 보여주고 조심하라고 하면 되지 않을까? 혼자서 열람하게 하는 것보다 훨씬 효과적이고 호응도 높을 것 같다.

생각2. 성범죄자가 누구인지 제일 먼저 알아야 할 사람들은 선생님, 학부모, 유치원 원장들이다. 알아서 확인해 보라고만 하지 말고 이들에게 찾아가 성범죄자가 어디에 살고 있으며 주로 어디를 배회하는지를 알려주는 노력이 필요할 것 같다. 그러면 어른들이 아이들에게도 주의를 줄 것이고, 보다 안전한 조치망이 꾸려질 것이다.

 경찰이라면 어떻게 할까

우리나라에서 성범죄자의 재범률이 40% 이상으로 아주 높은 편이다. 이유는 성범죄자에 대한 사법부의 온정주의, 인권이란 미명하에 제한되는 국민의 알 권리 후퇴 때문이다. 높은 재범률을 낮추려면 강력한 처벌과 함께 치료명령과 보호관찰을 보다 강화해야 한다. 또한 전자발찌 착용자 명단 공개, 거주지 인터넷 공개, 공개열람 대상 범위 확대를 통해 주민들과 자치단체, 경찰이 성범죄자들을 상시 감시할 수 있는 시스템이 확립되어야 한다. 경찰수사 단계에서 감시와 보호가 제대로 이루어지도록 해야 한다.

특히 주민들의 노력과 협조가 요구된다. 성범죄 전력자는 잠재적 범죄자이므로 그의 신상을 주민들이 공유하고 반장, 통장, 교사, 경찰관과 연계하여 다시는 같은 불상사가 일어나지 않도록 협력해야 한다.

그런 차원에서 각 지역별로 주민들이 참여하는 성범죄 감시위원회를 둘 필요도 있다. 보호관찰법, 성폭력범죄 방지처벌특례법에도 이 같은 내용을 포함시켜야 한다.

경찰은 경찰대로 기다리는 열람신청이 아닌, 다가가는 적극적 열람이 되도록 힘써야 한다. 성범죄만큼은 인권보다 국민의 알 권리가 우선이라는 생각으로 성범죄자에 관한 정보를 알리는 효과적인 방안을 강구해야 할

것이다. 그래야만 재범률 40%를 대폭 낮출 수 있다. 또한, 피해자에 대한
보호와 치료지원, 가해자에 대한 감시감독이 제대로 이루어져야 한다.

최고의 선물은 휴가, 그다음은?

– 피부숍에 들어간 군인의 내일

군인들에게 최고의 선물은 무엇일까? 아마도 휴가일 것이다. 엄한 규율과 통제된 생활에서 벗어나 달콤한 자유와 휴식을 즐길 수 있는 휴가는 모든 군인들에게 첫 번째 희망사항이다. 그렇다면 그들이 휴가를 나와서 제일 먼저 가고 싶어 하는 곳은 어디일까?

누구나 짐작하겠지만 군인들이 가고 싶어 하는 곳은 인간의 본능적 욕구를 충족시켜 주는 공간이다. 우선 뷔페이다. 먹고 싶은 것을 맘대로 먹을 수 없는 군인들은 대부분 뷔페에 대한 환상을 가지고 있다. 군대 음식은 주로 튀기거나 삶은 것 위주로 되어 있기 때문에 구운 음식, 그중에서도 삼겹살이나 해산물 구이를 맘껏 먹을 수 있는 뷔페를 군인들은 선호한다. 그다음은 놀이공원이다. 물론 여자친구가 있는 군인한테만 해당되는 이야기다. 혼자서 놀이공원에 가고 싶은 사람은 없을 것이다. 힘든 군생활을 버틸 수 있게 힘이 되어준 여자친구와 놀이공원에 가서 즐거운 한때를 보내는 것이 군인들에게는 오랜 꿈이다. 여자친구가 없는 외로운 군인들은 놀이공원 대신 밤거리를 배회한다.

전방에서 근무하는 김해성(가명) 일병도 그랬다. 손꼽아 기다리던 첫 휴가를 나온 김 일병은 날아갈 듯이 기뻤다. 꼼짝 못 하던 군대에서 하고 싶었던 일들이 얼마나 많았던가. 그는 휴가 첫날 친한 친구들을 만나 삼겹살 안주에 소주를 양껏 마셨다. 기분 좋게 배를 채우고 나니 이제 다른 욕구가 발동했다. 그는 피부 숍이라는 간판이 붙어 있는 곳으로 들어갔다. 퇴폐 이발소와 같은 유사성행위 업소였다. 서비스를 받던 김 일병은 단속을 나온 경찰에 걸려 현장에서 바로 검거되었다.

휴가를 나왔다가 유사성행위 업소에서 적발된 군인에게는 어떤 처분이 합당할까?

생각1. 분명히 법규를 위반한 것이고 당사자의 무지나 실수에 의한 것도 아니므로 처벌해야 한다고 생각한다. 정말로 억울한 경우라면 정상을 참작해야겠지만 동일한 경우로 처벌을 받는 사람과의 형평성도 감안해야 할 것이다. 법 적용에서 형평성을 잃는다면 누가 그 법을 따르겠는가.

법에도 마음이 있다. 사람을 먼저 생각하는 법이 되어야 한다. 다음부터 조심하라고 하고 경고 처분하는 것이 좋을 듯하다. 적발되면 무조건 처벌하는 맹목적인 법 적용이 자칫 온 국민을 전과자로 만들 수 있다.

 경찰이라면 어떻게 할까

속칭 퇴폐 이발소나 안마시술소 등에 단속을 나가면 휴가 나온 군인들과 종종 마주치게 된다. 그중에는 장교도 있다. 단속에 걸린 이들은 대개 자신의 신분을 속이거나 끝까지 혐의를 부인한다. 성매매 처벌법상 유사성매매로 단속되면 집과 부대에 통보되고 불이익 처분을 받는다는 사실을 잘 알기 때문이다. 결국 구약식으로 처리되는 경우가 대부분이다.

문제는 그다음이다. 해당 군인이 이에 불복, 정식재판을 청구하는 것이다. 그런데 상대 성매매여성이 혐의를 완강히 부인하거나 아예 출석을 하지 않는다. 혐의를 인정하면 유죄, 혐의를 부인하면 무죄가 된다는 사실을 잘 알기 때문이다. 결론은 무죄 판결이다.

유사성행위를 처벌하는 것은 현실적으로 어려운 점도 많고 지나친 감도 없지 않다. 직접적인 성행위와는 다르게 접근할 필요가 있다. 할머니를 여의고 혼자된 70세 할아버지가 가족이 주는 용돈을 모아 매주 한 번꼴로 안마시술소에서 유사성행위 서비스를 받았다고 처벌하는 것이 국민의 법감정에 맞을까?

퇴폐 이발소나 마사지 업소를 단속하면 팬티만 입은 채로 적발되는 사람들이 대부분이다. 그리고 성행위는 하지 않았다고 극구 부인한다. 이때 어떤 경찰관은 피의자에게 계속 부인하면 집에 알리겠다고 위협하기도 한다. 하지만 이는 잘못된 대응 방식이다. 당사자가 뉘우치고 다시는 그와 같은 행위를 되풀이하지 않게 유도하는 것이 현명하다. 즉 즉결법정에 회부, 판사의 결정을 받을 수 있는 기회를 주기만 해도 개선의 효과가 있다는 소리다.

무조건 성매도, 매수자에 대한 형사입건, 처벌(벌금구약식)이 만능이 아니다. 성매매 알선 브로커를 처벌하여야 한다.

아울러 성매매여성의 연령이 초등학생 6학년으로 낮아지는 것도 심각하게 생각해 보아야 한다.

누가 돌을 던질 수 있을까
- 성매매여성의 처벌과 구제

"너희 가운데 죄 없는 자가 먼저 저 여자에게 돌을 던져라."

성경에 나오는 유명한 구절이다. 제아무리 깨끗하고 떳떳하다고 자부하는 사람일지라도 타인을 향해 함부로 돌을 던질 수는 없는 노릇이다. 하지만 현실에서는 이런 일들이 비일비재하게 일어난다. 김다해(가명)는 가난한 농부의 아들로 태어나 어려운 성장 과정을 거쳤다. 먹고 싶은 것도 먹지 못하고 입고 싶은 것도 입지 못한 채 결핍의 시기를 겪으며 살아왔다. 돈이 없는 탓이었다. 가난이 너무도 싫었던 그는 반드시 자수성가해서 남들 앞에 보란 듯이 나타나겠다고 결심했다.

돈벌이에 대한 그의 집착은 확실히 남다른 데가 있었다. 남들이 다 기피하는 공사장도 마다하지 않으며 억척스럽게 돈을 모아나갔다. 그리고 그렇게 해서 모은 돈으로 조그만 술집을 차렸다. 워낙 대인관계가 좋았던 그의 술집은 날마다 손님들로 북적거렸고 얼마 안 가 튼튼한 기반을 잡을 수 있었다.

술집으로 기반을 잡은 김다해는 이에 만족하지 않았다. 더 많은 돈을 벌기 위해 좋은 투자처를 끊임없이 물색하고 다녔다. 그러다가 대출을 받아 안마시술소를 오픈하게 되었다. 사업은 잘되었다. 시각장애인을 바지사장으로 내세우고 여종업원 2명을 고용하여 운영한 결과 6개월 만에 1억 5,000만 원의 수익을 올릴 수 있었다. 하지만 그것은 불법 수익이었다. 간판만 안마시술소였을 뿐 안에서는 성매매가 이루어지고 있었던 것이다. 게다가 돈독이 오른 김다해는 종업원의 임금까지 갈취했다. "시키는 대로 하지 않으면 가족에게 성매매 사실을 알리겠다"고 협박하며 돈도 뜯고 "더러운 년!"이라 욕하며 사람의 마음에도 상처를 입혔다. 누가 누구에게 돌을 던진단 말인가. 성매매업소에서 일하는 여성들을 법대로 처분하는 것이 온당한 일일까?

생각1. 성매매여성에 대한 정확한 사실 인식이 선행되어야 한다. 일벌백계보다 현실적인 구제방법에 초점을 맞추어야 한다.

생각2. 성매매에 대한 인식 전환이 필요하다. 돈을 매개로 성을 사고 파는 행위는 인신매매와 다를 바가 없다.

성매매방지특례법상 성매매를 단속하고 처벌하는 것은 당연하다. 하지만 고려해야 할 것도 있다. 단속보다 실질적 구제를 우선해야 한다는 것이다. 현재 실시되고 있는 성매매여성에 대한 구제책은 다소 형식적이다. 단순히 자활지원센터 등에 입소시키는 것은 호응도 없고 효과가 미미하다. 그들이 자활할 수 있게 직업훈련 기회를 제공하고 취업을 알선해 주는 노력이 시급하다. 이와 함께 '탈성매매 지원사업'도 적극 펼쳐나가야 한다. 애매한 입건 기준도 더 명확히 해야 한다. 두 번 이상 적발되거나, 습벽의 우려가 있거나, 반성의 기미가 없으면 형사입건에 처한다는 현재의 기준은 막연하여 혼선을 조장한다.

성매매를 하지 않을 수 없게 만든 사람들에 대한 철저한 수사와 처벌도 중요하다. 성매매여성들을 대상으로 불법고리대금업을 하는 사람들, 결근이나 옷값 등의 명목으로 돈을 갈취하는 악덕 포주들이 있는 한 성매매여성들의 문제는 해결되지 않는다. 아울러 관련 수사에 협조하는 성매매여성들에게는 입건유예 등의 특별 조치를 취해주어야 한다.

'나쁜 남자'들도 강력히 처벌해야 한다. 걸리면 성매매여성도 같이 처벌된다는 점을 악용하여 신고한다고 협박함으로써 성매매대금을 깎거나 지급하지 않는 남자들이 있다. 죄질이 좋지 않은 파렴치한 사람들이다. 이런 사람들이 거리를 활보하는 한 성매매여성들에 대한 처벌과 구제는 요원한 숙제로 남을 수밖에 없다.

성매매여성이라는 용어부터 바뀌어야 한다. 당사자들에게 비하와 차별의 의미로 받아들여질 수 있기 때문이다.

PART 3

나는 억울합니다

나는
억울합니다

어른인 줄 알았어요

– 청소년보호법 위반인가, 아닌가

박찬일(가명)은 평생 공무원이었다. 성실과 정직으로 공직생활을 마감한 그는 남은 생을 어떻게 보낼지 고민 중이었다. 딱히 이거다 싶은 게 없었다. 퇴임 후에 뭔가 해보려고 경험한 세상은 그동안 자신이 겪은 공무원 세계와는 완전히 다른 것이었다. 그만큼 세상은 호락호락하지 않았다.

그때 한 친구가 귀가 번쩍 뜨일 만한 제안을 해 왔다. 목 좋은 곳에서 슈퍼마켓을 운영해 보라는 것이었다. 1년 후면 근처에 건립 중인 새 아파트에 입주가 시작될 것이고 그와 동시에 매출이 급성장할 테니 수입은 전혀 걱정하지 않아도 된다는 말이었다. 역시 친구밖에 없다고 생각했다. 일시금으로 받은 퇴직금 전부를 슈퍼마켓을 차리는 데 투자했다.

슈퍼를 차리고 나서 얼마 후 아파트 입주가 시작되었다. 예상한 대로 매출이 껑충 뛰어올랐다. 박찬일은 역시 탁월한 선택을 했다며 콧노래를 불렀다. 그런데 몇 개월이 지나지 않아 아파트 인근에 대형마트가 들어섰다. 각종 할인행사에다 없는 것이 없는 대형마트였다. 사람들의 발길은 자연스레 마트로 옮겨졌고 박찬일의 슈퍼마켓은 파리만 날리게 되었다. 찾아주는 손님이 아주 없는 것은 아니었지만, 매출은 급감했다. 박찬일은 날이면 날마다 이 장사를 계속해야 할지 말지를 고심하는 처지가 되었다.

박찬일은 그날도 손님이 거의 없어 문을 일찍 닫을까 하고 생각하고 있었다. 그때 한 젊은이가 다급하게 뛰어와 소주 3병과 맥주 1병을 달라고 했다. 몸집도 크고 머리도 긴 젊은이였다. 박찬일은 당연히 대학생이겠거니 하고 추호의 의심도 없이 원하는 술을 팔았다. 그런데 이것이 문제를 일으켜 경찰의 조사를 받게 되었다. 알고 보니 젊은이는 16살의 고등학생이었다.

성인인 줄 알고 술을 판매한 슈퍼마켓 주인을 처벌해야 할까?

생각1. 물건을 사는 사람들이 구매자의 신분을 일일이 확인하기란 현실적으로 쉽지 않은 일이다. 당시의 상황을 고려하여 선처하는 것이 낫겠다.

생각2. 정상을 참작할 수는 있겠으나 그렇다고 법을 위반했다는 사실이

변하는 것은 아니다. 누구라도 법의 잣대를 피해갈 수 없으니 처벌은 불가피할 것 같다.

 경찰이라면 어떻게 할까

청소년보호법에 따르면 위의 경우는 2년 이하의 징역 또는 1천만 원 이하의 벌금에 처하게 되어 있다. 통상적으로는 30만~100만 원 정도의 벌금형과 함께 행정처분(영업정지)이 내려진다. 하지만 경찰은 주인이 깊이 반성하고 있는 데다 당시의 정황상 충분히 오인했을 가능성이 있으며 동종의 전과가 없는 점을 감안하여 즉결심판에 회부하고 벌금 5만 원을 구형했다.

이에 법원은 경찰의 의견을 존중하되 청소년에게 주류를 판매하는 행위는 그 객체가 사회가 보호해야 할 청소년이라서 더욱 주의를 해야 한다는 점을 강조하며 경찰의 구형보다 다소 중한 벌금 10만 원을 선고했다.

청소년보호법 위반 혐의로 입건되는 사례가 점증하고 있다. 이로 인한 피해도 이만저만이 아니다. 슈퍼마켓, 음식점, 노래방이 영업정지 등의 행정처분을 받아 살길이 막막해지는가 하면 청소년 역시 장래에 마이너스가 되는 처벌을 받기도 한다.

청소년이 처벌을 받는 경우는 대부분 '신분증 위조'에 따른 것이다. 육안으로는 분간하기 어려운 신체 조건을 가진 청소년들이 위조한 신분증으로 불법적인 사용을 하여 금지된 물건이나 장소를 이용한다. 이들에게는 공문서 위조 또는 공문서 부정사용 혐의가 적용된다. 물론 이들을 출입시킨 업소 주인도 청소년보호법 위반으로 입건된다. 이와 관련하여 청소년에게 벌금 10만 원 선고유예, 업소 주인에게 벌금 10만 원 처분이 내려진 사례가 있다. 일부 판사는 위조한 신분증을 제시한 학생을 출입시킨 업소 주인에게 무죄결정을 내리기도 했다. 청소년보호법위반 사건을 조사할 때는 청소년의 장래와 업소의 운명을 생각하여 더욱 신중을 기해야 한다. 해당 업소가 평소에도 청소년을 출입시켰는지, 종업원 교육은 어떻게 하고 있는지, 그리고 당시 청소년의 두발과 복장은 어땠는지에 대해 CCTV 자료와 탐문 등을 통해 면밀하게 살펴보고 결정할 일이다.

누가 그걸 몰라?
- 노래방의 불법 행위

노래방에서 술을 팔면 불법일까, 아닐까? 아는 사람들은 다 아는 사실을 모르는 이들이 간혹 있다. 또 설사 알고 있다 하더라도 무단횡단하듯 지키지 않아도 된다고 생각하는 사람들이 있다. 공무원 김무법(가명)이 바로 그런 사람이었다.

정년퇴임을 1년여 앞두고 있는 김무법은 퇴근 후 동료들과 함께 식사를 마친 후 노래방으로 향했다.

"여기, 맥주 좀 갖다 줘."

맨 정신에 노래를 할 수 없었던 김무법 일행은 노래방 주인에게 당연하다는 듯 맥주를 주문했다. 하지만 주류 제공은 엄연한 불법이었다.

"손님, 죄송하지만 술은 판매할 수 없게 돼 있어서요."

그래도 김무법은 막무가내였다.

"누가 그걸 몰라? 돈 좀 벌었나 보네? 이젠 사람이 눈에 안 보여?"

소리를 고래고래 지르며 협박하듯 몰아붙이는 김무법 때문에 주인은 어쩔 줄을 몰랐다. 들어오려던 다른 손님들이 험악한 분위기를 눈치채고는 발길을 되돌려 나가버렸다. 할 수 없다고 판단한 주인은 울며 겨자 먹기로 술을 사서 김무법이 있는 룸으로 가져다주었다. 그런데 주문은 이 한 번으로 그치지 않았고 주인은 계속해서 배달을 해야만 했다. 그러던 중 누군가의 신고로 경찰이 들이닥쳤다.

손님의 등쌀에 못 이겨 술을 제공한 주인을 처벌해야 할까?

생각1. 주인의 사정은 이해가 되지만 일정한 처벌이 불가피하다고 본다. 또한 주인에게 판매를 강요한 손님들도 법에 따라 처벌해야 할 것이다.

생각2. 법과 달리 관행처럼 이루어지는 일들이 신고되면 처벌하고, 아니면 처벌하지 않는다. 형평성에 문제가 많다. 게다가 이런 일들에 경찰이 출동하다 보니 정작 긴급 사건에는 신속히 대처하지 못하는 상황이 계속되고 있다. 그런가 하면 감독기관인 자치단체 주무부서는 제대로 단속을 하지 않는다. 이런 일은 허가권을 가진 담당기관에서 단속을 하도록 해야 한다.

경찰이라면 어떻게 할까

손님의 협박으로 부득이하게 불법 행위를 범한 경우에는 사실관계를 명확히 파악하여 처벌 여부와 정도를 결정해야 할 것이다. 한편으로 노래방, 단란주점, 유흥주점을 구분하지 말고 통합 관리할 필요가 있다. 또 노래와 술, 유흥은 속성상 긴밀히 연결되어 있으므로 형벌로 규제하기보다 세금으로 규제하는 편이 더 효과적일 수 있다.

손님의 억지와 강요에 못 이겨 법을 어긴 주인의 입장에서는 현명한 사후 대응이 중요할 것이다. 필요하다면 구증(종업원 진술) 등을 들어 협박죄로 손님을 역고소할 수도 있다. 악질 손님의 덫도 조심해야 한다. 일부러 미성년자를 출입시키거나 도우미를 불러달라 해놓고 이를 미끼로 주인을 겁박하는 경우도 있기 때문이다. 이럴 때는 조사 과정에서 수사관에게 신고자가 누구이고 신고 경위는 어땠는지 등을 밝혀달라고 요구하여 정상참작에 반영되도록 하는 것이 좋다.

신고는 다양한 이유만큼이나 의도도 가지가지다. 그중에는 경쟁업소를 탈락시키거나 업주에게 돈을 받아내려는 불순한 의도로 신고하는 경우도 왕왕 있다. 이를 가려내기 위해서는 경찰의 신중한 대응이 무엇보다 중요하다. 신고를 접수한 후 신고자를 불러 전후 사정을 면밀히 조사하고 신고 내용이 사실인지 업소 관계자를 불러 재차 확인한다. 일말의 의혹도 철저히 가리려는 노력의 과정에서 진실은 반드시 드러나게 되어 있다.

분명히 신분증을 확인했다고요!

– 속이는 청소년, 억울한 영세상인

호프집을 운영하는 한학인(가명)은 얼마 전 시청으로부터 영업 정지 3개월 처분을 받았다. 청소년에게 술을 팔았다는 것이었다. 경위는 이러했다.

한학인은 맥주를 마시러 온 A군을 보고는 수차례 얼굴을 확인했다. 어딘가 앳돼 보이는 것이 아무래도 의심스러웠기 때문이다. 약간의 갈등 끝에 주민등록증을 보여달라고 했다. 확인한 결과 A군은 21세로 술을 팔아도 전혀 문제가 되지 않는 나이였다. 그런데 이것이 문제가 되었다.

A군의 실제 나이는 17세였다. 알고 보니 주민등록증을 위조하여 성인인 양 행세하고 다닌 것이었다. 그러다가 신고를 받고 출동한 경찰에 적발되었고 함께 조사를 받게 된 한학인도 처벌

을 면할 수 없게 되었다. 한학인은 손님의 주민등록증까지 확인하고 맥주를 판 것이라며 적극적으로 소명했다. 힘들게 모은 전 재산을 투자해서 차린 호프집인데, 3개월이나 문을 닫게 하는 것은 너무 심하다며 억울함을 호소했다. 하지만 그의 소명은 받아들여지지 않았다. 단지 정상을 참작하여 영업정지기간을 3개월에서 1개월로 단축했을 뿐이다.

어른 같은 청소년들, 심지어 신분증까지 위조한 청소년들로 인해 적지 않은 피해를 보는 영세상인들을 어떻게 하면 좋을까?

생각1. 가장 안타까운 것은 여관, 호프집을 운영하다가 청소년을 투숙, 출입시켰다고 해서 형사입건에 처해지는 경우다. 사채까지 동원하여 어렵게 사업을 시작한 사람이 영업정지 처분을 당하고 과징금까지 물어 파산 지경에 몰린다. 그들의 사정을 충분히 고려하지 않은 처분이 아쉽다.

생각2. 결과 위주의 형식적인 조사에서 탈피해야 한다. 과연 업소 주인에게 형사책임을 물을 수 있는 사안인지 변소 내용을 세심하게 살펴보고 나서 국민의 상식과 법의 정의에 맞는 처분을 내려야 한다. 항상 위험 부담을 안고 생업에 종사하는 사람들에게 좀 더 유연하게 법적용을 했으면 한다.

경찰이라면 어떻게 할까

지킬 것 다 지키고도 손님의 거짓 때문에 결과적으로 불법을 초래한 업소 주인들이 있다. 이들에게 형사입건과 함께 영업정지·취소 처분을 내리는 것은 과잉 입법·처벌이라는 비난의 소리가 많다. 더군다나 이런 함정을 노려 영세한 호프집·음식점 주인을 협박하는 청소년이나 경쟁 업소가 있어 그들을 더욱 곤경에 빠뜨리기도 한다. 이런 현실을 십분 감안한 조사와 처리가 억울한 영세 상인들을 구원하는 길이다.

이번 한 번만 봐주세요
– 미신고 업소에 대한 처분

한 달 전, 전노상(가명)은 전망 좋은 평택호 주변에서 포장마차를 열었다. 탁자 10개, 의자 40개, LP가스와 조리도구 일체를 갖춰놓고 행인들을 대상으로 꼬치어묵, 잔치국수, 주류 등을 팔았다. 장사를 시작한 지 얼마 안 되었지만 그는 신이 났다. 어떻게 알고 왔는지 손님들이 몰려들어 빈자리를 찾을 수 없을 정도로 장사가 잘되었기 때문이다. 그도 그럴 것이 전노상은 인심이 후하고 성실하여 찾아오는 손님들에게 좋은 인상을 심어주었다. 음식도 푸짐하고 맛이 있어 포장마차는 금세 소문이 났다. 다른 곳들은 장사가 안 돼 다들 울상이었지만 이곳은 불황 속 활황을 구가하고 있었다.

그러던 어느 날, 경찰에 신고가 들어왔다. 불법 노점상인 전노상의 업소를 단속해 달라는 것이었다. 신고자는 근처의 업소 주인이었다. 그는 장사가 잘되는 전노상의 포장마차가 마냥 부러웠던 것이다. 업소 주인의 말도 일리가 있었다. 어쨌거나 전노상의 포장마차가 관할기관에 영업신고를 하지 않은 것은 분명한 사실이었기 때문이다. 그로 인해 행정처분을 피할 수 없게 되었다. 식품위생법상 '미신고 영업'은 3년 이하의 징역 또는 3,000만 원 이하의 벌금에 처하게 되어 있다. 차일피일 미루다가 미처 신고를 하지 못했으니 선처를 해달라고 애원하는 전노상에게 어떤 처분을 내려야 할까?

생각1. 고의도 아니고, 누구나 사정은 있게 마련이다. 그렇다고 그냥 넘어갈 수만은 없었다. 관련법을 적용해 처벌해야 하지 않을까 싶다.

생각2. 법을 위반했다고 해도 일부러 그런 것도 아니고 생계를 위해 불가피하게 그런 것이므로 사정을 감안하여 최대한 가벼운 처벌을 내리는 게 합당하다고 본다.

 경찰이라면 어떻게 할까

위의 경우는 정식 입건되어 처리되면 통상 200만 원에서 300만 원의 벌금이 부과될 수 있는 사안이다. 하지만 경찰은 박 씨가 생계를 위해 어쩔 수 없이 법을 위반한 것으로 판단했다. 미신고 영업기간이 1개월로 비교적 짧았고, 피의자의 경제 사정 및 건강 상태가 좋지 않은 점을 참작하여 벌금 5만 원을 구형했다. 법원도 이 같은 경찰의 의견을 존중하여 구형 의견과 동일한 벌금 5만 원을 선고했다.

미신고 영업행위에 대해서는 주로 시청, 구청에서 형사고발이 들어온다. 엄연한 불법이기 때문이다. 이에 대해 경찰은 어떻게 대응해야 할까? 무조건적으로 법의 잣대를 들이대기보다는 고발의 사유와 경위를 찬찬히 살펴보아야 할 것이다. 법에도 눈물이 있다. 법질서 확립이 제일로 중요하지만 서민의 처지도 간과해서는 안 된다. 재래시장의 노점음식 판매, 대학 축제 때의 음식조리 판매도 불법이긴 마찬가지지만 이를 엄히 단속하지 않는 것은 그만한 사정을 고려하기 때문이다.

형사입건과 입건유예 사이에서도 한 번 더 깊이 생각해 보는 자세를 가져야 한다. 형사입건 대신 즉결심판에 회부할 수 있는 명분이 있는지 확인하고 월소득, 부양가족, 영업 경위에 대해 면밀히 조사한 자료를 준비하여 이를 근거로 법원에서 판사가 적합한 판결을 내릴 수 있게 해주어야 한다.

어느 택배기사의 비애

- 언어폭력에 대한 저항

세상 참 편해졌다. 전화 한 통이면 원하는 물건이 현관문 앞까지 배달되는 세상이다. 하지만 그 이면에는 택배기사들의 남모를 슬픔과 설움이 있다.

34살의 택배기사 박성주(가명)는 다람쥐 쳇바퀴 도는 것 같은 회사 생활을 청산하고 택배업에 뛰어들었다. 쉽지는 않지만 자신 같은 사람이 소규모 자영업으로 하기에는 적합한 사업이라는 생각이 들었고 운전에도 자신이 있었다. 하지만 그렇게 의욕적으로 시작한 택배업이 사람 때문에 뒤틀어지리라고는 전혀 예상치 못했다.

택배는 보통 물건을 배달하기에 앞서 받는 사람에게 연락을 취해 집에 있으면 직접 갖다주고 부재중이라면 경비실에 맡기게 된다. 박성주도 그날 수령인과 미리 통화를 했다. 수령인은 자신이 지금 외출 중이니 경비실에 맡겨달라고 부탁했다. 박성주는 수령인의 부탁을 받고는 경비원에게 사정을 설명하고 대신 받아달라고 했다. 그러자 경비원이 다짜고짜 화부터 내는 것이었다.

"여기가 무슨 짐 쌓아놓는 창고인 줄 알아? 놓지 말고 가져가이 XX야!"

박성주는 순간 할 말을 잃었다. 무슨 일로 화가 났는지는 모르지만 이건 해도 너무한 처사가 아닌가. 경비원은 한마디로 기본이 안 된 사람이었다. 속에서 욱하고 치밀었다. 꾹꾹 눌러 참고 또 참았다. 그런데도 아저씨는 계속해서 욕을 해대며 사람을 쓰레기 대하듯 했다. 참으려고 했지만 더 이상의 모욕을 견딜 수 없었던 박성주는 그만 경비원의 멱살을 잡고 흔들었다.

"나한테 왜 이러는 거죠? 내가 무슨 잘못을 했다고!"

그 길로 경비원은 폭행을 당했다며 박성주를 경찰에 고소해버렸다. 말다툼으로 시작된 몸싸움을 어떻게 처리하면 좋을까?

생각1. 지극히 우발적으로 일어난 사건인 것 같다. 쌍방 간의 화해와 합의를 도출하여 원만하게 해결하는 것이 낫겠다.

생각2. 형법 제260조 제1항에 '폭행은 2년 이하의 징역, 500만 원 이하의 벌금, 구류 또는 과료에 처한다'고 되어 있다. 이 정도는 아니라도 경미한 폭행에 준하는 처벌을 내려야 한다고 생각한다.

 경찰이라면 어떻게 할까

경찰은 당시 피고인이 피해자와 말다툼을 하다가 우발적으로 완력을 행사한 것이라 보았다. 경찰은 피고인이 자신의 잘못을 뉘우치고 있으며 동종의 전과가 없는 점을 고려했다. 하지만 피해자와 합의가 이루어지지 않았기에 벌금 3만 원을 구형했다. 법원에서는 피고인의 답변과 경찰의 의견을 존중하되, 피해자가 노령의 경비원이었던 점을 감안하여 경찰의 구형보다 다소 중한 10만 원의 벌금형을 선고했다. 택배기사는 그날 벌어 그날 먹고사는 사람들이나 마찬가지다. 이런 사람들이 폭행에 휘말려 형사입건되거나 벌금형 처분을 받으면 큰 부담을 지게 된다. 생계도 힘든데 벌금까지 내려니 이중삼중의 생활고에 시달릴 수밖에 없다. 경미한 수준이라면 경찰이 즉결심판에 회부되도록 노력하고 피고인의 월소득이나 부양가족 등을 조사하여 양형에 반영될 수 있게 해주어야 할 것이다.

피의자신문조서를 작성할 때 가족사항이나, 월소득, 주량 등을 묻는 것은 양형 결정 시에 참고가 되기 때문이다. 실은 여기에 건강진단 문진표도 포함되어야 한다. 범죄는 피의자의 환경과 밀접한 상관관계가 있다. 따라서 조서를 제대로 작성해야 한다. 소년범을 송치하거나 가정폭력(보호) 사건을 조사할 때는 특히 환경조사표 작성에 심혈을 기울여야 한다. 그래야만 양형이 바르게 될 수 있다.

경찰을 말하다

PART 4

경찰을 분석하다

내 말만 따르라

– 현장 근무와 인사권자의 기득권

　필자는 총경(경찰서장직) 바로 밑의 계급인 경정으로 경찰에 들어왔다. 사법시험에 합격하였다는 이유만으로 경정 계급부터 시작한 것이다. 순경 출신이 대부분인 경찰조직에서 경정부터 시작한 후 9년째 총경으로 승진, 11년 동안 재직한 후 계급 정년으로 50대 초반의 나이에 강제로 경찰계를 떠나야 했다. 경찰조직에 몸담았던 사람으로 조직의 발전을 위해 참회록을 쓰는 심정으로 본 칼럼을 쓴다.

　일부 직원들은 젊은 나이에 고시에 합격해 벼락출세를 했다며 시기질투를 하기도 했다. 당시 경정(경찰서 과장)이면서도 자동차와 별도 사무실을 제공받는 등 많은 대우를 받기도 했다. 총경이 된 후 파출소 순찰업무, 형사외근, 수사조사업무 등 현장실무 경험이 적은 상태에서 경찰서장 업무를 하면서 많은 시행착오도 겪어야 했다. 솔직히 말하면 승진하려고 일선 경찰서 현장 업무보다는 본청 등 기획부서로 일찍 들어가서 인사권자인 높은 사람에게 잘 보이려고 한 적도 많았다. 경찰재직 20년 중에 10년을 본청 수사기획부서에서 근무했을 뿐 실제 수사현장에서 범인을 검거하거나, 조사한 적은 거의 없었다. 실제로 본청에 일찍 들어가야 일선 현장근무자보다 빨리 승진할 수 있기 때문에 본청에 일찍 들어가려고 한 것이다.

경찰 본연의 업무가 지구대, 파출소, 경찰서 외근 등 순찰과 수사업무가 주된 업무임에도 승진을 위해 일찌감치 본청, 지방청 기획부서를 선호한 것이다. 필자뿐만 아니라 젊고 유능하다는 사람들, 높은 자리에 올라가려는 사람들 거의 전부가 경쟁적으로 본청, 서울청 등 기획부서에 입성하려고 했다. 일선 지구대, 파출소, 경찰서에 있으면 악성민원과 사건처리에 시달리고, 자칫하면 징계도 받아 위험부담이 많아 근무를 꺼리기 때문이다. 아니 본청, 지방청에 올라가면 보고와 지시만 내리면 되고, 일선의 보고서를 취합, 보기 좋게 만들어 윗사람에게 보고하면 윗사람에게 고생했다고 칭찬을 받을 수 있고 그것이 곧 승진으로 이어지기 때문일 것이다. 감찰도 거의 받지 않고 포상, 국내외 유학, 주재관 파견 등 자기계발기회도 본청, 지방청이 많기 때문이다. 그러다 보니 본청 근무자들은 자연스럽게 보고서 작성과 편집, 신속한 전파에 목을 매게 되고 현장의 어려운 고충은 등한시하게 된다. 현장의 목소리 전달보다는 인사권자인 윗사람에게 잘 보이기 위해 현장업무와 동떨어진 지시, 보고서 작성에 매진하게 된다. 본청의 업무도 기획회의, 간담회, 워크숍 등 회의업무에 매달리게 된다.

윗사람에게 잘 보이기 위한 소모적인 노력

본격적인 인사고과 평정이 이루어지는 하반기에는 국회업무 등으로 인해 윗사람에게 눈도장을 찍으려고 혈안이 된다. 쓸데없는 보고서 작성, 업무지시 하달, 혁신사업보고와 추진을 하면서 윗사람에게 열심히 일한다는 모습을 보이려고 한다. 딱히 할 일이 없는데도 아침 일찍 출근하고 저녁에 사무실에 대기하고 공휴일에도 사무실에 나온다. 윗사람의 전화를 잘 받고 언론보도에 나오기 전에 예상보도 등을 하면 윗사람으로부터 칭찬을 받는다. 나아가 윗사람의 식사도 챙기면 금상첨화다. 회의가 아니라 일방적인 지시이고 별 지시내용이 없어도 수첩에 쓰는 척을 하여야 한다. 별 내용도 없는 회의가 길게는 3시간 이상 진행되기도 한다. 이 모든 것을 참고 견뎌야 승진이라는 영광의 자리를 얻을 수 있다.

일과 승진은 조금 별개의 문제다. 일도 별로 하지 않고 자리만 지키는 사람들이 지역 안배, 출신 안배(경찰대, 간부후보생, 고시 등)에 의해 승진하기도 한다. 경찰 본연의 업무는 현장에서 사건·사고를 처리하는 일이다. 또한 국민과 가장 가까운 곳에서 근무하는 현장업무가 대다수다. 그럼에도 불구하고 현장 근무자들은 윗사람에게 눈에 띄어서 승진하는 경우는 별로 없었다. 이는 고위직으로 갈수록 더욱 심했다. 그것도 순경에서 경찰을 시작한 사람들이 경찰서장, 경무관, 지방청장이 되는 경우는 거의 없었다. 오히려 현장에서 근무하면 승진은커녕 격무(윗선의 보고와 지시문서처리)에 시달려 건강도 해치고 때로는 억울하게 징계까지 당하기도 한다. 어렵게 승진을 해도 한곳에 오래 근무했다는 이유로 생활 근거지와 거리가 먼 경찰서로 발령이 나기도 한다. 서울 등 수도권에 가까운 지역은 본청에서 승진한 속칭 힘 있는 사람들이 와서 1~2년 만에 다시 본청으로 가는 경유지에 불과했다.

지휘관은 참모형과 야전형이 있다. 경찰청장, 지방청장, 경찰청실, 국장 등의 이력을 보면 야전형보다는 기획참모형이 많다. 일선에서 수사실무를 하지 않은 사람들도 경찰청 수사국장이 되기도 한다. 때로는 경찰에 들어와서 지구대, 파출소, 경찰서 근무는 거의 해보지도 않고 교육기관, 해외유학, 주재관근무, 본청 기획부서만 근무하다가 고위직으로 승진만 하는 사람들도 있었다.

힘들고, 어렵고, 위험한 현장근무 중시하는 공직문화 시급

현장의 어려움을 피해 자기계발을 할 수 있는 부서만 골라 근무하면서 승진도 하는 사람들이 있었다. 오히려 자격증, 토익점

수, 해외주재관 경력이 있어야 승진 가점을 받을 수 있어 현장 근무는 하지 않고 본청, 주재관파견을 가려고 하는 경우도 많았다. 그런 사람들이 지휘관이 되면 업무도, 현장경력도 얼마 되지 않아 지휘가 제대로 될 리가 없다. 오히려 그런 사람들이 법과 규정, 매뉴얼만 내세우면서 자기주장만 한다. 실적평가도 기획부서에 유리한 평가항목만 선정하고 현장에 근무하는 사람들은 불리하게 만드는 경우도 있었다. 언론보도실적, 친절도 실적, 징계민원제기건수, 절도범 검거실적, 교육실적 등으로 실적을 부풀리기도 있었다.

산술적으로 수치상 실적으로 평가할 수 없는 항목도 무리하게 항목으로 선정해서 평가하곤 했다. 평가항목의 문제점과 부당성에 대해 과감하게 이의제기를 하는 경우도 적었다. 아니 이의를 제기해도 반영이 잘 되지 않았다. 그만큼 기득권층이 자신의 기득권을 내놓으려 하지 않았기 때문이다.

지휘관 주도의 격려 회식과 직원간담회에서는 애로사항 청취보다는 자화자찬식 지시일변도의 주입식 교육과 용비어천가식 건배사가 이어졌다. 대한민국에서 고위직으로 살아남으려면 윗사람에 대한 칭찬일변도의 언행이 필요한 것 같았다. 사업과 지시가 비현실적이고 예산을 낭비하는 요소가 많아도 반대를 하면 속칭 찍힐까 봐 이야기하지 못했다.

대한민국에서 고위 공무원으로 출세하려면 필자가 위에서 이야기한 것들부터 없어져야 한다. 힘들고 어렵고 위험한 현장근무부터 해야 한다. 경찰의 경우 순경부터 시작하여야 한다. 승진보다 일 자체의 보람, 경험, 경륜, 나아가 봉사와 배려에서 직장생활의 보람을 느끼도록 해야 한다. 본청, 지방청 기획부서의 조직과 인력을 확 줄여야 한다. 지구대, 파출소 등 민생현장으로 배치되어야 한다. 출발도 현장에서 해야 하고 승진하면 반드시 일정기간 동안 현장부서 근무를 해야 한다.

인사권자들이 기득권을 내려놓을 때 가능한 일

현장과 기획이 일치되도록 인사시스템을 확 바꿔야 한다. 현장과 동떨어진 쓸데없는 전시성 회의도 줄이고 간담회도 청취중심으로 이루어져야 한다. 그래서 본청, 지방청의 지휘부서의 근무자들이 현장에서 잔뼈가 굵은 사람들로 채워져야 한다. 외국연수도 어학중심에서 현장중심의 근무자들로 채워져야 하고 그들이 외국어를 익힐 수 있도록 기회를 부여하여야 한다.

현장에서 열정적으로 봉사와 배려를 가지고 근무하는 사람들이 대우받고 승진하는 조직이 되어야 한다. 회의와 교육도 현장에서 토론과 대화 중심으로 전환되어야 한다. 현장에서 연륜과 경륜과 인품을 갖춘 사람이 지휘관이 될 수 있도록 인사보직시스템을 확 바꿔야 한다. 그렇게 하려면 현 인사시스템의 문제점을 진단하고 개선하여야 한다. 오로지 자기 개발에 조직을 이용, 승진, 유학 등 특혜를 받는 일이 없어야 한다.

국외국비유학 이전에 사회적 약자들의 현실을 직시하고 봉사

체험을 하도록 하여야 한다. 국비유학을 다녀온 후 교육기관에 근무하고 경찰을 퇴직한 후 대학교수로 임용되는 경우도 보았다. 어찌 보면 국민의 세금으로 자기계발에 치중하고 봉사는 등한시한 것이다. 계급과 승진에 구애받지 않고 자신이 맡은 일에 열정을 가진 사람들이 정년까지 근무할 수 있도록 하여야 한다. 본청, 지방청의 건물 치장보다는 지구대, 파출소 등 현장근무부서의 건물과 사무실을 개선해야 한다.

윗선으로 올라가면 넓은 집무실, 접견실, 거기에 더해 내실까지 있는 데 비해 민원인들과 씨름하는 일선 경찰서 조사실, 지구대 파출소에는 직원 개개인의 사무공간이 비좁고 협소하다는 것을 자성하여야 한다. 결재와 보고, 지시에 치중한 일하는 방식도 개선되어야 한다. 현장을 모르는 사람들이 지시하는 일은 사라져야 한다. 보고와 결재 때문에 현장처리업무가 등한시되지 않도록 선조치·후보고 시스템으로 가야 한다. 현장근무자에게 권한을 주어야 한다. 윗사람들도 자신에게 보고하지 않았다고 책임지지 않으려는 자세에서 벗어나야 한다. 지금까지 말한 것들은 모두 인사권자들이 기득권을 내려놓을 때 가능한 일이다. 그래야 대한민국의 공직사회의 미래가 밝아진다.

슬기로운 감방생활
– 드라마 속 '감방'과 현실 '감방' 비교

2017년에 방영된 드라마 '슬기로운 감빵생활'은 유명한 야구 선수가 하루아침에 범죄자가 되어 교도소 생활을 하는 이야기를 다루고 있다. 이 드라마에서 묘사되는 교도소 생활은 실제처럼 생생하다. 물론 드라마의 특성상 전체적인 분위기가 다소 가볍고 밝게 묘사된 면은 있지만 말이다. 그렇다면 실제 교도소 생활은 과연 어떨까.

사람이 죄를 짓고 구속되면 유치장, 구치소, 교도소에 수감된다. 경찰을 퇴직하고 변호사로 생활하면서 구치소 접견을 갈 기회가 잦은데 그곳에서 수감된 사람들의 다양한 군상을 보게 된다. 때로는 들어와서는 안 될 사람이 수감되어 있기도 하고, 수감되고도 죄를 뉘우치지 않는 사람도 많이 보았다.

좁은 방에서 '칼잠'을 자기도 한다고 한다

서울구치소 같은 경우에는 남자 수감자들이 나날이 늘어나고 있어 좁은 방에서 '칼잠'을 자기도 한다고 한다. 전직 대통령, 국정원장, 검사장 등 고위직에서부터 좀도둑, 보이스피싱 같은 사기범까지 다양하다.

고위층이나 재력가들은 수감되면 독방을 원한다. 명예와 권위 때문에 다른 부류의 사람들과 같이 공동으로 생활하는 것을 꺼리기 때문이다. 높은 사람들이 많이 수감되면 구치소 식사와 난방도 잘 나온다고 한다. 이래저래 구치소도 수감자들의 신분에 따라 처우가 달라진다는 것이 수감자들의 이야기다.

구치소에 갇히면 영치금이 최고다. 영치금으로 수감자들이 필요로 하는 물품을 구입할 수 있기 때문이다. 속칭 범털(돈이 많은 사람)은 영치금이 많이 들어오면 혼자 사용하지 않고 같이 수감된 사람들과 함께 사용한다고 한다.

재판이 진행 중인 미결수와 재판이 확정된 기결수는 수감 생활에서도 많은 차이가 있다. 기결수는 원칙적으로 교도소로 이감되어 장시간의 운동시간과 근로, 심지어 검정고시 공부도 할 수 있다. 그에 비해 미결수는 하루 운동시간도 30분으로 그 외 시간은 종일 방에 있어야 한다. 기결수라도 남은 형기가 1년이 안 되는 경우 교도소로 이감되지 못하고 구치소에 남아 형을 마치는 경우도 있다.

주말, 공휴일, 야간에도 가족과의 면회는 허용해 주어야 하지 않은가

필자가 보기에는 구치소와 교도소의 유일한 낙(즐거움)이 가족, 지인들과의 면회이다. 그런데 면회가 1일 1회 10분 내외로 제한되고 그것도 일요일·공휴일은 면회 자체가 되지 않는다. 면회시간도 일과 시간 중에만 허용되고 일과 시간 후인 저녁 및 야간에는 허용되지 않는다.

이 때문에 먼 시골에서 수감된 아들과 남편, 아내를 보려고 8시간 이상 차를 타고 달려온 가족들이 면회시간이 지나 면회도 못 하고 발걸음을 돌리는 경우도 많다. 평일에는 생계에 바쁘니 주말, 공휴일, 야간에도 가족과의 면회는 허용해 주어야 하지 않은가 하는 생각이 든다.

면회 방법도 손도 잡아보지 못하고 그저 마이크를 통해 유리창 너머로 얼굴만 바라보아야 한다. 부모와 부부, 자녀들이 면회 온 경우에는 손이라도 잡아주도록 하고 따뜻한 밥이라도 같이 먹게 해주면 어떨까 하는 생각이 든다. 어떤 경우에는 구속 후 가족과의 면회도 검사의 명령으로 기소 시까지 금지되는 경우도 있다. 가족과의 면회는 가장 기본적인 권리인데 검사의 명령으로 금지되는 것은 너무하다는 생각이 든다. 헌법에는 확정판결이 나기 전까지는 무죄추정원칙이 보장되어 있다. 그런데도 현실은 구속되는 순간 유죄로 추정되고 그에 준하는 불이익 제재를 받는다.

변호사의 접견도 검사가 조사를 위해 소환하면 그 시간 동안은 접견을 할 수가 없다. 접견교통권을 보장하기 위해서는 검사의 피의자 구속 후 추가수사보다 접견교통권이 우선해야 한다고 본다. 멀리 떨어진 가족과의 소통을 위해 일정시간대를 지정하여 구치소, 교도소 내 전화통화를 시켜주는 것은 어떨까.

OECD 가입선진국에 걸맞은 형집행시설의 선진화가 필요하다. 수감실 내 화장실도 수감실 밖에 설치하여 위생적으로 마음 놓고 용변을 볼 수 있도록 개선할 필요가 있다. 과거 일제시대 수감실 내 변기의 모습이 현재 유치장, 구치소 수감실에 설치되어 있는데 이는 위생과 사생활보호차원에서 문제가 많다.

미결수에게 수갑에 포승줄까지 채우는 것은 지나치다는 비난도

모범수들에 대한 가족과의 귀휴(밖에서 휴가를 보내게 해주는 제도)제도의 확대보장, 출소만기 전에 사회복귀를 위해 사회적응, 직업교육, 가족과의 교류를 위한 외출·외박 등의 지원도 확대할 필요가 있다.

또한 미결수의 경우 경찰, 검찰, 법정에 출석할 때 양손에 수갑에 포승줄까지 채우는 것은 지나치다는 비난도 있다는 것을 알았으면 한다. 유죄가 확정된 피고인의 경우 국민 세금이 들어간 수감비용 그리고 범죄피해자 피해비용은 출소 후 배상하도록 하는 방안도 추진할 필요가 있다.

최근 소년원에서 수감 중 대장암과 안과진단의 치료를 제때 받지 못해 투병 중인 사건을 보면서 소년원뿐 아니라 구치소, 교도소의 분야별 전문의 확보를 통해 진단과 치료를 제대로 받도록 해줄 필요가 있다고 느꼈다. 소년원을 범죄환경으로부터 차단하여 직업교육과 학업을 병행할 수 있게 하고, 나아가 퇴원 후 재취업재활교육과 연계될 수 있도록 개선할 필요가 있다. 교도소가 재범방지 기능을 다할 수 있도록 교도소 내 학교 학습 취업기능 다각화 방안을 하루빨리 마련해야 한다.

소위 '묻지마 범죄' 등 정신질환자 진단, 수감과 관련 국내 유일의 치료감호소인 공주치료감호소의 치료인력과 시설도 정비할 시점이다. 아울러 교도소수감 형벌과 치료감호처분과 관련하여 어떤 것을 먼저 할 것인지에 대한 연구도 필요하다.

마약, 성폭행 등 범죄들이 출소 후 재범이 많다는 점을 감안하여 수감 후 보호관찰제도도 확대해야 한다. 현재 법무부가 담당하는 보호관찰을 법원으로 이관하고, 경찰과 연계하여 출소 후 재범을 저지르지 않도록 보호관찰을 엄격히 관리할 필요가 있다. 특히 마약사범의 경우 초범 기소유예, 재범 집행유예, 재재범 실형이라는 식의 기계적인 사법처리는 개선되어야 한다. 수감과정에서도 마약사범끼리 수감하는 것은 자칫 이들이 세력화하고 범죄를 학습화할 우려가 있으므로 이에 대한 깊이 있는 분류심사가 필요하다.

성폭행, 강도 등 강력범죄자의 경우 출소 후 피해자에게 접근하지 못하도록 출소 전 피해자에 대한 접근금지와 피해자에 대한 신변보호조치도 경찰과 연계하여 실시하는 제도를 연구해야 한다.

구치소, 교도소는 작은 인생학교

구치소, 교도소는 작은 인생학교이다. 어찌 보면 인생의 작은 축소판이고 사회의 한 모습이다. 경찰, 검찰, 정치인도 교도소 담장 위를 걸어 다니는 직업이라고 했다. 마음 한번 잘못 먹으면 교도소에 들어갈 수 있다는 이야기이다. 실제 구치소, 교도소에는 형법, 형사소송법의 전문가, 심지어 변호사자격은 없지만 변호사 못지않은 명 변호사도 있다. 그래서 필자는 경찰, 검찰, 법관, 국가인권위원회 위원은 필연적으로 휴가 때 구치소, 교도소를 간수(교도관)형식으로 일주일 정도 체험을 권한다.

그곳에서 사람들을 직접 만나보고 이야기를 들으면서 사건을 좀 더 신중히 고민하면서 어떻게 처리해야 할 것인가를 깨달았으면 한다. 교도소 체험을 해보면 법규정과 선입견에 사로잡혀 사건을 처리하고 판단한 잘못을 깨달을 수 있을 것이다. 로스쿨 학생, 공무원으로 처음 입직하는 이들과 정치인들부터 구치소, 교도소를 가서 보고 듣고 체험하면 많은 것을 느낄 것이라고 생각된다.

구치소, 교도소, 보호관찰소, 치료감호소는 사람들이 기피하는 혐오시설이다. 그러기에 시설이 노후되고 수감된 사람들도 불편해한다. 그렇게 불편한 곳에 있어야 다시는 죄를 짓지 않는다고 생각하는 사람도 있을 것이다. 그렇지만 우리는 OECD 선진국 반열에 올라와 있고, 88올림픽에 이어 평창올림픽까지 두 번의 올림픽을 개최한 국가 현실을 감안할 때 교도행정은 달라지고 개선되어야 한다.

고된 직업
– 경찰, 검찰, 법관이 그다지 좋은 직업은 아닌 이유

    대한민국에서 경찰, 검찰, 법관은 누구나 선망하는 직업이다. 이런 직업을 얻기 위해 지금도 많은 사람들이 수많은 노량진의 학원, 로스쿨, 원룸 등에서 열심히 공부를 한다. 자신의 젊음과 시간을 바꿔가며 말이다. 법전과 책을 뒤적이면서 문제도 풀고 판례도 암기한다. 그런데 경찰, 검찰, 법관이 되고 난 후 접하는 사건은 책과 법전에 없는 내용이 너무나 많다. 법전에서는 볼 수 없었던 사람과 사람 사이의 갈등, 분쟁, 탐욕에 관한 사건들이 대부분이다. 하지만 경찰, 검찰, 법관은 법대로, 규정대로, 지침대로 수사하고 처벌한다고 한다.

    문제는 그 사건에 얽매이게 된 사람들의 인생과 환경에 대해 살펴보고 고민하는 부분이 부족하다는 것이다. 피의자신문조서를 받을 때 가족관계, 재산관계 등 가정환경에 대해서 질문을 한다. 왜 이런 질문을 할까? 사건처리 이전에 이 사람이 어떠한 환경에서 살았는지에 대한 조사를 하는 것이다. 그리고 그에 맞춰 법집행을 하려고 하는 것이다. 벌금도 낼 수 없는 사람에게 많은 벌금을 부과한다면 그 사람은 벌금을 납부하기 위해 또다시 범죄를 저지를 수 있다. 필자는 경찰, 변호사를 하면서 많은 사건이 어떤 사람이 수사하고 재판하느냐에 따라 사건의 결과와 형량이 달라질 수 있는 것들을 보아왔다.

심지어 자신을 조사한 경찰관이 수갑을 채우는데도 고맙다는 말을 하는 피의자를 보았다. 고맙다는 말을 들은 수사관은 아마도 조사를 하면서 인간적으로 따뜻하게 대해준 것 같다. 검사와 법관도 마찬가지다. 따뜻한 말과 배려, 경청, 피의자가 말하는 내용을 다 들어주고 때로는 현장에도 나가 확인도 하는 그러한 검사와 법관을 만날 때 사건의 결과는 전혀 달라질 수 있다. 무조건 법과 규정을 들이대고 변호사 선임해서 이야기해라, 반성의 기미가 없다, 왜 사실대로 이야기하지 않느냐는 식으로 심문하는 인간미가 부족한 사람을 만나면 그 사건의 결과는 상당히 불행해진다.

정확한 사실 관계에 대한 조사 이전에 무조건 피해자의 일방적인 주장과 민원제기, 나아가 방송·언론보도를 의식하여 책임면피식으로 형사입건, 구속영장청구, 중형선고를 하는 경우도 있다. 예컨대 파지를 팔아 생계를 이어가는 70대 할머니를 절도죄로 입건하고, 부인과 사별 후 자식들이 준 용돈으로 마사지숍에서 유사성매매를 한 70대 할아버지를 입건한 사실, 미혼모로 자녀의 생계와 교육을 위해 티켓다방과 노래방 도우미생활을 하는 부녀자를 형사입건한 사실, 동네 친구의 꼬임에 빠져 담배 4갑을 절취하는 데 망을 보다가 특수절도죄로 형사입건된 경우, 무전취식으로 신고했더니 오히려 무전취식을 한 손님이 18세 청소년이라 술을 판매했다고 형사입건하는 경우 등은 무조건 사람을 생각하지 않고 법과 규정만을 들이대면서 수사권과 형벌권을 남용한 것이라고 생각한다.

사람이 법을 만들고 사람을 위해 법이 존재하는 것인데 현실은 법이 사람 위에 군림하고, 경찰과 법관들은 기계적인 법집행을 하는 경우가 많다. 경찰, 검찰, 법관, 변호사, 공무원(특별사법경찰관)을 양성하는 노량진에 있는 학원, 로스쿨, 대학가에는 법전과 법 서적, 그리고 문제풀이 요령만 가르칠 뿐 사람에 대한 철학과 생각에 대한 교육은 없다.

필자 역시 대학에 입학하면서 1학년 2학기 때부터 사법시험 준비를 위해 형법을 수강했다. 사법시험준비 과정에서 사회학, 심리학, 철학 등 법 이전에 사람에 대한 공부를 한 기억은 없다. 이는 지금도 마찬가지일 것이다.

사람에 대한 공부와 교육은 책과 강의만으로 되는 것은 아니다. 다양한 삶의 경험을 통해 사람에 대한 고민과 체험이 필요하다. 우리나라는 결혼과 이혼도 해보지 않고, 청소년기 탈선경

험도 없는 사람들이 소년재판과 이혼 사건을 담당하는 경우가 허다하다.

형사입건을 할 것인가, 기소할 것인가, 구속상태에서 수사하여야 할 것인가 이러한 문제는 한 사람의 장래와 인생을 결정한다. 아니 수사나 재판을 받는 사람뿐 아니라 가족 등 관련자들의 인생이 걸린 문제이다. 그래서 형사입건, 기소, 구속 여부, 유무죄, 형량을 결정할 때 늘 심도있는 생각을 하면서 결정해야 한다. 여러 사람의 인생과 운명이 달렸기 때문이다.

죄 없는 사람을 형사입건하고, 기소하고, 구속하고, 형을 살게 해놓고, 나중에 진범이 밝혀져 잘못 수사와 재판을 한 사실이 드러나면 깊은 참회를 하여야 함에도 마땅하지만, 참회를 하는 경찰, 검사, 판사들은 거의 없다. 칼과 총만으로 사람을 죽이는 것이 아니라, 말과 글로서 사람을 살릴 수도, 죽일 수도 있다. 다시 돌아보니 경찰, 검찰, 법관은 그리 좋은 직업은 아닌 것 같다.

자영업자들을 더 괴롭히는 것

– 자영업자들을 죽이는
실적 위주의 단속과 수사 문화 사라져야

경찰 재직 시 특별단속, 기획수사를 많이 해보았다. 단속기간
도 100일이 대부분이다. 심지어 한 달인 경우도 많다. 수사에서
송치까지 평균 한 달 이상이 걸리는 경우가 대부분인데도 말이
다. 대통령과 총리, 장관, 청장의 특별지시에 따라 부랴부랴 실
시되는 경우가 많다. 그리고 이와 관련한 실적을 평가한다. 실
적에 따라 검거 유공자는 특진도 하고 수사포상비도 받게 된다.

지휘자도 덩달아 지휘, 관리 유공으로 승진과 성과평가에 도
움을 받게 된다. 구속 건수가 많고 검거 인원이 많아야 점수가
높다. 심지어 언론 보도평가점수도 있어 당사자가 혐의를 다투
는 상황인데도 불구하고 보도자료를 통해 언론에 대대적인 보도
를 했다.

나중에 무죄, 무혐의로 결론이 다르게 나와도 사과도 자성도 없었다. 단속기간 중 입건과 구속을 해야 실적 점수에 포함되니 수사를 보류했다가 단속기간에 맞춰 영장 청구를 하는 경우도 있었다.

이러한 특별단속과 기획수사 테마는 전국적으로 획일적이다. 지정시행 하다 보니 실적을 올리기 위해 무리한 수사와 단속이 뒤따르게 된다. 굳이 형사입건할 필요도 없거나 구속영장을 청구할 필요도 없는 사건도 무리하게 입건하거나, 영장을 청구하는 것이다.

조직폭력배 단속의 경우 때로는 일부러 조직범죄로 만들기 위해 억지로 짜 맞추기 식으로 특진 기준에 맞는 조직을 만드는 사례도 있었다.

풍속업소 단속과 관련하여 시각장애인들의 마사지 업소 단속과 유혹에 의해 어쩌다 한 번 유사 성행위를 한 군인과 외국인 노동자들, 직장인들, 대학생들이 입건, 처벌을 받게 되는 경우도 많다.

심지어 생계에 떠밀려 나온 불쌍한 노래방도우미와 티켓다방, 여종업원들까지 단속입건하였다. 청소년 유해업소 단속과 관련하여 청소년인 줄 모르고 술과 담배를 판 구멍가게 주인과 아르바이트생까지도 단속되어 벌금과 행정처분을 받게 된다.

노래방 업자들은 간혹 손님이 술을 밀반입하여 마시다가 경찰에 신고 단속되거나, 손님의 유혹에 의해 도우미를 불러주었다가 단속, 처벌되는 경우가 많았다. 어렵게 대출을 받아 음식점을 차렸는데 청소년에게 술을 팔았다고 단속당하고 영업정지 처분을 받으면 업자는 빚더미에 몰려 거리에 나앉게 된다. 예컨대 주폭(주취자폭력) 관련 특별단속을 하게 되면 실수로 술에 취해 택시비를 못 내거나, 바가지 식대에 당한 억울한 사람까지 주폭사범으로 몰리게 되고, 교통사망사고 줄이기 관련하여 교통법규 단속을 실시하면 단순히 교통 표지판을 잘못 본 사람까지 법규 위반 처벌로 몰려 범칙금과 함께 면허정지 처분까지 당하게 되는 것이다.

상부에서는 실적이 없다고 질책을 하면, 일선에서는 어쩔 수 없이 실적을 만들어내기 위해서라도 무리한 단속을 할 수밖에 없게 된다. 그러다보니 지역실정상 도저히 단속테마와 관련이 없는 중소도시 경찰서, 지구대, 파출소의 경우 실적을 위해 굳이 입건할 필요도 없는 사건까지 무리하게 입건하고 나아가 영장까지 청구하게 되는 것이다.

일선에서는 경찰에서 특별단속과 기획수사를 자주 해야 변호사들이 먹고살 수 있다는 우스갯소리도 나돈다. 이러한 무리한 단속과 수사는 검찰의 인력 증원과 더불어 검찰 수사지휘의 합리성을 가져다준다.

수사와 단속은 권한이고 칼이다. 칼을 잘못 휘두르면 선량한 여러 사람이 다친다. 칼날과 칼등을 써야 할 때를 구분하고 생각하면서 써야 한다. 내가 칼을 가졌다고 나 혼자만의 무소불위

권한이라고 생각하고 자의적으로 사용해서는 안 된다. 그렇기 때문에 수사기관은 자의적인 수사권 행사를 막기 위한 자체 내부통제가 필요하고, 그 내부통제는 수사경험과 지식을 갖춘 사람들에 의해 공정하게 이루어져야 한다.

수사를 하다 보면 수사의 핵심을 찾지 못하고 일을 벌이기만 하는 수사관을 보게 된다. 여기저기 압수수색만 할 뿐 증거를 제대로 찾지 못하고 결론도 못 내리고 수사 결론을 미루기만 하는 수사관도 있었다.

역지사지의 마음으로 수사를 당하는 사람의 심정을 생각하지 않고 자신의 주관과 소신만 믿고 밀어붙이기 식으로 무리한 수사를 하는 경우도 보게 된다. 과연 경찰, 검찰 자체 내에 이러한 무리한 수사에 대한 통제와 절차가 제대로 이루어지고 있을까 하는 생각을 늘 갖게 된다. 법과 규정도 중요하지만 가장 중요한 것은 법과 규정을 해석하고 집행하는 수사관의 심성과 철학이라고 생각한다. 특히 수사를 지휘하는 사람들이 그러한 마음을 가졌으면 좋겠다.

로스쿨과 경찰, 검찰교육기관에서도 가르쳐 주지 않고 관심이 없는 삶과 인간에 대한 철학과 함께 따뜻한 심성과 배려를 가진 사람들 중에서 수사관을 선발하여야 하지 않을까? 수사는 권한이 아니라 책임이다. 잘못 칼을 사용하여 무고한 사람이 다치면 그에 따른 응분의 책임을 지는 모습도 필요하다.

더 이상 견딜 수 없어
– 수사 중 자살하는 이유

    이재수 전 기무사령관이 자살을 한 사건이 있었다. 그는 기무사령관 재직 시 세월호유족을 사찰하였다는 혐의로 검찰의 조사를 받던 중이었다. 검찰이 청구한 영장이 기각되었는데도 그는 투신자살을 하였다. 영장기각 후 검찰은 "기각한 이유에 대해 이해하지 못하겠다"고 했다. 극단적 선택을 한 이유는 아마도 심적인 고통 때문이었을 것으로 보인다.

    유서에서 고인은 세월호 사고 시 기무사와 기무부대원들은 헌신적으로 최선을 다했고 5년이 다 되어가는 지금 그때의 일을 사찰로 단죄하다는 게 안타깝다는 글을 남겼다. 이 사건 외에도 최근 들어 수사 중 자살을 하는 사람이 늘어나고 있다. 영장심사를 앞두고 자살을 한다. 그것도 고위직 사람들이 대부분이다.

검찰은 이러한 사건에 대해 안타까움을 표시하면서도 수사과정에서 강압적이지 않았다고 한다. 그러면서 조사과정에 변호사도 참여했기 때문에 강압적인 내용은 없었다고 반박을 한다. 그럼에도 그들은 조사를 받고 나서 또는 조사를 받기 전에 자살을 시도한다. 왜 이러한 일들이 발생하는 것일까? 필자는 경찰과 군검찰 그리고 변호사생활을 하면서 조사과정에 참여한 바 그 원인이 조사과정에 있다고 생각한다.

먼저 사회적 이목집중사건의 경우 조사를 받는 사람은 이미 죄인이 된다. 아니 여론에 의해 유죄로 확정되다시피 한다. 혐의내용이 언론에 노출이 되고, 그로 인해 가정, 직장, 사회에서 거의 매장되다시피 한다. 유치장, 구치소에 감금만 되어 있지 않을 뿐 거의 감금상태나 마찬가지다. 집에도 못 들어가고 기자들을 피해 숨어 다닌다. 여기에다가 조사 전에 집과 직장에 대한 압수수색과 직장부하들에 대한 소환과 구속으로 심적인 고통은 이루 말할 수가 없다. 압수수색은 물론 당사자의 휴대폰, 계좌내역까지 추적된다. 마음대로 통화할 수도 없다. 심지어 변호사와의 통화도 혹시 수사기관이 추적할까 겁이 난다고 한다. 카톡도 마음대로 할 수 없다. 출국금지를 당해 여행도 출장도 할 수도 없다. 출국금지 된 사실도 모르고 가족들과 해외여행을 위해 공항에 갔다가 홀로 되돌아오는 경우도 있다.

수감생활 못지않은 고통에 시달린다. 불면증, 우울증에 잠까지 자지도 못한다. 수사기관에서 빨리 조사를 하면 좋은데 확인도

되지 않은 사실을 흘리면서 해명도 못 하고 죄인이 된다. 유명연예인의 경우에는 방송은 물론 가정·직장에서 거의 매장된다. 헌법·형사소송법상의 무죄추정의 원칙은 현실에서는 공염불에 불과하다. 오래된 사건일수록 당사자가 겪는 고통은 더하다.

시간이 흘러 사건내용이 기억나지 않아 기억을 떠올리려고 사람들에게 전화를 하면 수사기관에서 증거인멸을 한다고 뒤집어씌워 구속사유가 될까 봐서 연락도 못한다. 아니 지인들조차 증거인멸죄로 구속될까 봐 연락을 해도 받지를 않는다.

수사기관에서 소환통보도 거의 일방적이다. 압수수색과 관련된 사람들에 대한 구속을 통해 혐의내용을 거의 특정을 한 후 마지막으로 소환한다. 이미 관련자들이 소환되어 당신의 혐의사실에 대해 진술했으니 부인해도 소용없다는 식이다.

관련자들은 수사기관에서 원하는 대로 답변을 하지 않으면 입건·구속될 수 있다는 압박감에 시달려 사실이 아닌데도 그들이 원하는 대로 진술하였다고 법정에서 토로하는 경우도 있다. 압수수색을 통해 자료를 충분히 확보한 후 소환하니 수사기관은 증거는 넘쳐나지만 소환을 받는 사람은 아무것도 모르고 출석을 하게 된다.

해명자료와 변론준비를 위해 출석조사기일을 연기해 달라고 해도 잘 연기해 주지 않는다. 오히려 출석을 기피한다는 이유로 구속영장청구의 구속사유로 삼는다. 어쩔 수 없이 수사기관이 원하는 기일에 출석을 하게 된다. 출석과정은 언론에 노출되어

보도되어 여론을 통해 구속되어야 할 사람으로 몰아가기도 한다. 소위 여론몰이식 수사다.

오전 9시에 출석하면 다음 날 새벽에 조사를 마치는 경우도 있다. 조사과정에서 긴급체포되어 유치장에 수감되는 경우도 있다. 조사내용도 5년 전 심지어 10년 전의 일을 들추어낸다. 시간이 오래되어 기억이 나지 않는다고 이야기를 하면 왜 거짓말 하느냐고 다그치기까지 하는 경우도 있다.

어제 일도 기억을 잘 못하는데 어떻게 5년, 10년 전의 일을 기억하냐고 하소연해도 기억을 환기시키려 한다. 당신의 부하는 기억을 하는데 왜 당신만 못 하느냐고 다그치기도 한다. 경험한 사실, 목격한 사실, 실제 행한 사실이 아닌 의견을 묻는 경우도 많다. 수사관이 자신이 생각하는 사실에 대한 의견을 질문하면서 나는 이렇게 생각하는데 당신의 의견은 어떠냐는 것이다. 이 말은 듣기에 따라서는 수사관이 이미 사건을 틀에 짜놓고 조사를 하는 것이다.

수사관 자신이 생각하는 틀에 맞게 답변을 작성하고 만들어가는 것이다. 이것은 진실을 규명하기 위한 수사가 아니다. 나는 이미 당신의 혐의가 있다고 생각하니 혐의사실을 인정하라는 식이다.

조사받는 사람에게 수사관의 의견이나 생각을 주입해서는 안 된다. 사실에 대해 물어야 한다. 그리고 질문은 짧으면서도 답변하는 사람이 알기 쉽게 해야 한다. 그런데 수사관의 태도는 그렇지 않다. 질문도 길뿐더러 용어도 이해하기 어렵다. 질문이 이해가 되지 않는다고 하면 짜증을 내기도 한다. 질문에 대해 장황한 답변을 하면 자신이 묻는 말에만 답변하라고 한다. 고위 공무원의 경우 조사과정에서는 호칭이나 말투에서 자존심을 건드리는 말까지 한다고 한다. 수사관으로부터 인간적인 모멸감을 느꼈다고 한다.

변호사가 참여하여 이러한 말투나 언행에 대해 항의를 하면 수사에 방해가 되니 나가달라고 하기도 한다. 그렇다면 변호사는 조사받는 사람 옆에서 가만히 듣기만 하라는 소리인가.

제대로 조언을 해줄 수 없다. 조사과정이 진술녹화실에서 녹화가 된다고 하지만 녹화가 안 되는 부분도 있다. 아니 조서에 제대로 기재되지 않거나 반영되지 않는 경우도 있다. 조사가 끝난 후 조서에 서명날인을 하여 강압적인 조사가 없었다고 하지만 긴 시간 조사를 마치면 힘이 들어 마지못해 조서에 서명날인(무인)하는 경우도 있다고 한다.

식사도 조사실에서 하고 제대로 휴식시간도 가져보지도 못한다. 긴장감과 스트레스로 심신이 지친다고 한다. 이러한 조사를 짧은 시간에 수차례에 걸쳐 받으면 웬만한 사람도 지치기 마련이다.

조사 후 구속영장을 청구하고 구속영장실질심사를 받게 된다. 구속·불구속여부가 하루 만에 결정이 된다. 그것도 수사기관에서 작성한 서류심사에 의해 결정이 된다. 수사기관에서 법원에 올리는 수사서류에는 당사자도 모르는 확인이 안 된 내용이 많이 기재되어 있다. 법에 규정된 구속사유는 도주와 증거인멸인데 현실은 그렇지 않다. 수사기관의 출석요청에 순순히 응했고 이미 수차례에 걸친 압수수색과 관련자들의 구속으로 증거인멸우려가 없는데도 도주와 증거인멸우려가 있다고 영장에 기재한다. 심지어 재범의 우려라는 미래의 확인될 수도 없는 내용까지 기재하기도 한다.

심사 당일 구속영장사본만 받고 영장심사에 응하는 당사자와 변호인과는 달리 수사기관은 많은 수사기록을 법원에 제출한다. 판사는 영장에 기재된 내용과 기록에 의해 선입견을 가진 채 단지 영장혐의사실 확인만 한다. 혐의사실을 부인한다는 이유만으로 증거인멸우려를 들어 영장이 발부되는 경우도 있다.

구속상태에서 수사와 재판을 받게 되면 당사자는 물론 변호사도 제대로 재판준비를 할 수 없다. 접견을 위해 구치소를 방문하면 수사기관이 소환하여 제대로 접견을 못 하게 된다. 그러니 충분한 변론자료를 준비하지 못해 재판에 제대로 대응할 수 없게 된다. 형사소송법상 불구속수사의 원칙은 현실에서는 찾아보기 힘들다.

수사관의 수사의식도 바뀌어야 한다. 먼지털기식 수사, 구속성과주의 수사, 윗선에 잘 보이기 위한 수사, 여론몰이식 수사 관행은 사라져야 한다. 일부 수사관은 자신이 마치 큰 권한을 가진 것처럼 영웅주의 의식에 사로잡혀 조사받는 사람을 매몰

차게 몰아가기도 한다. 영화·드라마에 나오는 수사관의 모습을 마치 정의로운 모습처럼 생각하는 경우가 있다.

특히 기업, 공직자를 상대로 한 수사의 경우에 심하다. 윗사람들도 이런 곳에 근무하는 사람들에게 승진과 혜택을 많이 주니 속칭 젊고 유능하다는 사람들이 몰린다. 특수부, 특수대 등 '특' 자가 들어가는 곳이 그런 곳이다. 심지어 이곳이 어느 곳인 줄 알고 그렇게 답변하느냐면서 다그치는 경우도 있다. 한마디로 겸손할 줄을 모른다.

법 규정과 판례를 들이대면서 몰아가기식 수사를 한다. 수사 감독자가 이러한 수사과정을 모니터링 하는 것이 맞다. 하지만 모니터링을 하지도 않는다.

수사과정에 변호사참여, 진술녹화실시, 조사내용을 메모할 수 있도록 해주겠다는 내용만으로 수사의 공정성과 신뢰성은 담보되지 않는다. 필자는 수사과정을 진술녹화한 내용이 법정에서 증거로 제출, 조사 시 과정이 법정에서 현출되는 사례는 거의 보지 못했다. 조사가 끝난 후에는 조사과정에서의 상처를 치유해 주어야 한다.

차도 한잔하면서(때로는 담배도 권하면서) 조사과정에서 하지 못한 이야기, 당사자가 궁금해하는 이야기를 들어주어야 한다. 나아가 조사받는 사람의 해명진술에 대한 확인수사를 하는 배려도 있어야 한다.

수사관이 생각하는 진실이 아닐 수도 있다. 잘못된 편견 속에서 왜곡된 진실에 사로잡혀 당사자에게 사실을 다그치는 조사를 할 수 있다. 그럴 경우 조사를 받는 당사자는 마음의 상처를 입게 된다. 그리고 조사가 끝난 후 심한 상처를 입고 목숨을 끊는 경우가 발생한다. 물리적인 도구로 때리는 것만이 고문이 아니다.

조사할 때 던지는 말 한마디가 당사자의 가슴을 심하게 때릴 수 있다. 조사 중이나 혹은 조사 후에 자살사건이 발생하면 뭘 그런 걸 가지고 자살을 하느냐고 당사자를 비난하기도 한다. 하지만 자살한 당사자를 몰아붙이기만 해선 안 된다. 당사자가 조사과정에서 수사관으로부터 심한 정신적 고통을 받았다는 점도 자살의 원인 중 하나가 될 수 있기 때문이다.

총과 칼만으로 사람을 죽일 수 있는 것이 아니다. 말과 글(조서)로 사람을 죽일 수도 있다. 현행 문답식 수사, 마구잡이식 압수수색, 무분별한 구속영장청구, 심야조사는 사라져야 한다. 헌법이 보장하는 대로 무죄추정의 원칙, 불구속수사의 원칙이 보장되는 그런 나라가 되었으면 한다. 수사관들도 자신들도 조사받는 사람이 될 수 있다는 역지사지의 심정을 가지고 조사에 임했으면 한다. 그래서 필자는 경찰·검찰 수사권조정 논의에 앞서, 수사권은 정말 조심스럽고 신중하게 행사하여야 한다고 생각한다. 정약용 선생님이 저술하신 흠흠신서의 서문이 생각난다. 흠흠欽欽이란 무엇인가! 조심조심 형刑을 다스리는 근본인 것이다.

영화는 영화다

— 영화 '극한직업'의 마약반과 실제 마약반의 세계

형사과에 근무하는 강인해 경위는 경찰경력 20년 차로 베테랑 형사다.

그는 20년의 경찰 생활 중 형사과 근무만 15년이었다. 범인 검거에 잔뼈가 굵지만 이번 정기인사 때 모든 것을 내려놓고 다른 부서로 옮기기로 결정했다. 강 형사가 다른 부서로 옮기게 된 가장 큰 이유는 각종 강력사건을 처리하면서도 특별단속 기간에는 마약반 업무까지 병행해야 한다는 것에 심한 스트레스를 받았기 때문이다. 최근 버닝썬 사태 이후 그런 생각이 더 많이 들었기에 그의 결심은 확고했다.

경찰서에는 별도의 마약반도 없는데 상사의 요구는 전담반 이상이었다. 3개월이라는 기간 동안 마약류에 대한 단속실적을 모든 외근형사를 대상으로 평가하고, 외근형사 1인당 마약수사 활동 실적을 특진 등 인사에 반영한다.

형사과에 근무하면 승진도 어렵고, 성과평가도 제대로 받기 어렵다. 그래서 과감히 모든 것을 내려놓은 것이다. 특히, 최근 버닝썬 사태 이후 마약류 집중단속 기간을 운영해 반짝 성과를 거양했으나 클럽 등 유흥업소에 대한 의혹제기 등 국민불안은 여전히 크다. 마약수사를 위해서는 정보원을 통한 공작수사가 중요함에도 불구하고 지휘부는 정보원 접촉은 최소화하라고 지시한다. 정보원은 반드시 경찰관 2인 이상이 경찰관서에서 접촉하고 향후 뇌물수수 시비에 대하여 CCTV 등이 있는 장소에서 대면하라고 강조한다. 단속체계를 정비하지도 않고, 전문성도 없고, 정보원 공조도 없고, 팔다리 다 잘라놓고 국민들의 비난과 질책을 피하려고 일선 형사를 독촉하는 것에 적잖은 회의를 느꼈기 때문이다.

영화 '극한직업'이 관객수 1,600만 이상을 돌파하는 대기록을 세웠다. 역대 영화 흥행 순위 2위라는 놀라운 성과다. 이 영화는 서울 마포경찰서(마포서) 마약반의 마약조직 검거와 관련한 활약상을 코믹스럽게 연출했다. 경찰청 마약수사과장으로 재직했던 필자도 영화를 재밌게 봤다. 하지만 영화에 나오는 마약반과 실제 경찰 마약반은 사뭇 다르다.

우선 일선 경찰서가 별도의 마약반을 운영하는 경우는 드물다. 영화에 등장하는 마포서가 '드문' 경우 중의 하나다. 인근의 홍대·신촌·이태원 등 유흥가가 많아 '마약 우범지역'으로 분류돼 마포서 형사과 소속 마약수사팀이 운영됐다. 마포서 마약반의 마약사범 검거 실적은 우수했던 것으로 기억한다.

영화에서는 마약사범 검거를 위해 마약수사반장인 류승룡을 중심으로 반원들이 잠복수사를 하면서 마약거래 현장을 포착하느라 고생한다. 마약조직의 동향 관찰을 위해 '수원왕갈비통닭집'을 반원들이 경영하는 시나리오를 설정해 관객들에게 많은 웃음을 주고 있다. 통닭집을 운영하기 위해 반장이 자신의 퇴직금을 담보로 융자를 받는 장면까지 나온다.

그렇다면 마약수사의 현실은 어떨까? 마약수사를 위해서는 공작수사가 필요하다. 속칭 '망원(網員·정보원)'을 통한 공작수사를 위해선 공작금이 필요하고, 이러한 공작금은 때로는 위장 마약거래 구매용으로 사용되기도 한다. 마약수사 첩보는 마약투약자들로부터 나오기 때문이다.

최근 인터넷·모바일·택배·국제우편을 통한 마약거래가 성행하고 있다. 이런 현실에서 마약거래를 위장한 수사는 필요하다. 또한 이와 관련한 공작용 자금은 필수적으로 필요하다. 특히 공항·항만 등 여행객 소지품 검사 등을 통해 불법 마약류를 적발하는 세관과 달리, 경찰의 마약수사는 여러 가지로 어려운 것이 현실이다. 우선 실적 스트레스가 심하다. 경찰서 마약반의 경우 마약사범 검거만 전담하다 보니 형사팀·강력팀에 비해 실적이 없는 경우가 대부분인데, 이로 인한 스트레스는 말로 표현할 수 없을 정도다.

상사(과장·서장)는 '월급 받고 먹고 논다'는 식의 질책을 하기 일쑤다. 이러한 실적부진 스트레스는 가끔 '무리한' 수사로 이어진다. 마약범죄 조직과의 유착 수사 의혹까지 받아 억울한 누명을 쓰고 투옥까지 되는 경우도 많다. 유능한 경찰이 특정 마약조직을 소탕하기 위해 공작수사를 하는 경우, '봐주기 수사' 의혹으로 몰려 직무유기·직권남용 등의 혐의로 검찰에 인지, 구속되기도 한다. 위장 마약거래를 위해 돈을 입금 후 돈을 떼이거나 때로는 마약사범으로 오인, 검찰에 수사를 받기도 한다.

마약사범들은 마약 복용으로 뼈가 약한 경우가 많은데, 검거과정에서 수갑 사용 등으로 골절 같은 상처를 입었다고 인권침해 등의 민원에 시달려 독직폭행(瀆職暴行·직권을 남용해 형사피의자 또는 기타 사람에게 폭행하는 행위) 혐의의 누명을 쓰고 구속 수감되는 경우도 있다.

단순 투약자보다는 공급·수입자를 검거해야 되는데 그러다 보면 수사가 장기화되고 실적부담으로 인해 투약자 검거에 그치는 경우도 많다. 대포차·대포폰·대포통장을 사용하고 점조직이라 추적수사에 어려움이 많다. 때문에 잠복·출장·추적수사로 인한 수사비도 많이 든다. 영화에서 나오는 수사비 문제는 항상 마약반이 안고 있는 문제인 셈이다.

마약반의 현실은 어떨까? 강·절도사건과 달리 실적이 바로 나오지 않기 때문에 수사비 청구에 어려움이 많다. 수사비 마련을 위해 개인 사비까지 쓰는 경우도 많다. 통신비·차량유지비·출장숙박비 등 수사비용에 비해 예산은 한정돼 있다.

경찰서 내부 현실적으로 강력사건 검거에 치중하다 보니 마약반에 지원되는 예산은 적다. 그에 비해 실제 수사를 하지 않는 경찰청 등 본청 마약사건 수사비는 국제마약회의 참석 같은 국외 여비 등이 많다. 일선 현장을 뛰는 마약반 형사들은 수사비 부족에 허덕이는데도 말이다.

본청에서 구입, 보급, 지원해 주는 고가의 휴대용 마약탐지기 등 장비는 검색용 마약적발기로 세관에서 사용하기에 적합할 따름이다. 마약검사용 시약 또한 충분히 보급되지 않아 검사에 어려움이 많다.

여성 투약 용의자의 경우 여성 수사관이 배치돼야 하는데 결혼·출산·육아 등의 문제로 배치를 꺼린다. 승진도 제대로 되지 않는다. 인사권자가 살인·강도 등 강력사건 검거에만 관심을 가질 뿐 마약사범 검거에는 관심을 갖지 않는다. 마약사범들의 온갖 음해성 진정, 인권위 제소, 검찰과 감찰의 진정 등으로 민원에 시달린다.

경찰내부에서는 검거실적, 인원, 압수 마약 수량으로 실적을 평가하니 장기간 공작수사로 마약조직의 일망타진이 어렵다. 업무의 특성상 승진(특진·심사·시험)도 어렵고, 성과평가도 제대로 받기 어렵다. 그렇다고 수당을 많이 받는 것도 아니다.

망원 관리 관련 지침도 없고 악질적 망원에 걸려들면 모함도 당한다. 억울하게 누명을 써도 수사를 지휘하는 검찰은 물론 경찰 내부 자체에서도 보호해 주지 않는다. 승진은커녕 징계를 받는 경우도 많다.

영화에 나오는 마약반 형사들은 유도왕, 무술왕, 격투기왕이지만 실제 경찰관 선발은 무도 특채가 아닌 노량진학원가에서 형법, 형사소송법, 경찰행정실무, 영어 객관식 시험 한두 문제 차이로 결정난다. 유능한 마약전문수사관이 양성되지 않는 이유다.

수사비도 제때 지급되지 않고, 내부적으로 실적 독촉에 시달린다. 그러다 보니 공급사범보다는 단순투약사범 검거에 그친다. 그에 비해 검찰은 앉아서 세관, 경찰관을 지휘해 수사를 한다. 추적잠복 검거를 할 필요가 없다. 수사지휘권을 가지고 있으니 경찰·세관·식약청·해경까지 지휘한다. 자체 마약감정부서까지 갖추고 있다.

마약수사 관련 예산도 경찰에 비해 많다. 경찰은 과거 본청에 설치된 마약수사과도 폐지되고 형사과로 편입됐다. 자체 마약수사 역량이 축소됐다. 지휘부의 관심도 떨어진다. 영화 '극한직업'에 나오는 마포서 마약수사반의 스토리는 현실과 많은 차이가 있다. 그래도 보는 관객은 마약수사반의 수사 의지와 열정에 웃고 감동한다.

마지막 장면에 나오는 마포서 마약수사반 전원 특진은 현실에서는 찾아볼 수 없다.

도대체 누구 말을 들어야 해?

- 가해자, 피해자, 목격자의 진술이 서로 다른 경우
어떻게 판단할 것인가?

필자가 경찰과 변호사 생활을 하면서 자주 접하는 사건들이 가해자, 피해자, 목격자의 진술이 서로 다른 경우이다. 특히 112신고사건에서 쌍방폭행사건의 경우 현장에 출동하면, 한결같이 서로 자신은 피해자이고 상대방이 가해자라고 말한다. 교통사고 현장에서도 마찬가지다. 상대방의 과실이라고 서로 우겨댄다.

이럴 경우 현장에 출동한 파출소·지구대경찰관들은 피해자라고 주장하는 사람의 진술로 피의자를 특정하게 된다. 그리고 파출소로 와서 속칭 킥스(형사사법정보망)에 피의자로 특정·인적사항을 입력한다. 그러면서 자연스럽게 피의자로 입건된다는 것이다. 아울러 현행범체포·임의동행보고서상에도 피의자로 특정되고 피해자라고 주장하는 사람의 진술에 의해 범죄사실이 기재된다. 그러면서 입건경위에 대해 서로 자신들은 피해자라고 주장하지만 쌍방의 일부진술에 비추어 범죄혐의가 인정된다는 식으로 입건경위를 기재한다.

교통사고 조사의 경우에도 진술에 의존하여 쌍방과실이라고 기재하면서 과실비율에 대한 정확한 조사와 검증도 제대로 하지 않는다. 그런 상태에서 경찰서 형사과(당직)사무실로 사건과 피의자가 인계되면 형사들은 사무실에 앉아서 지구대·파출소 직원들이 이첩한 현행범체포보고서와 임의동행보고서에 의해 문답식 확인조사만 한다.

가해자·피해자라고 주장하는 사람들의 진술이 맞는지의 여부를 확인하기 위해 현장에 직접 나가 목격자를 탐문하고 관련 CCTV, 부근 차량의 블랙박스 동영상 확인, 현장유류물 등 증거수집과 분석절차를 거쳐야 함에도 불구하고, 사건이 많다 보니 빨리 사건을 인계하고 얼른 쉬고 싶다는 이유로 현장수사를 등한시한다. 현장에 답이 있고 사건진실 규명의 열쇠가 있는데도 말이다. 그러면서 오히려 관련 당사자들에게 자신이 혐의가 없다는 주장에 대한 증거를 가져오라고 한다. 아니, 범죄혐의 입증책임이 경찰에 있음에도 불구하고 당사자에게 현장에 가서 직접 증거를 수집해서 가져오라고 하기까지 한다.

어떤 경우에는 진술만으로 범죄혐의를 인정하기도 한다. 억울하면 검찰에 가서 변호사를 선임해서 다투라고 하기까지 한다. 고소사건의 경우에는 고소인에게 입증책임을 부담하라고까지 한다.

형사사건의 경우 민사소송과는 달리 유죄의 입증책임이 수사기관에 있고 수사기관은 강제수사권이 있기 때문에 얼마든지 증거수집과 분석을 철저히 할 수 있음에도 말이다. 검찰도 마찬가지다. 경찰에 수사지휘를 한다고 하지만 수사기록을 보고 서면으로 지휘를 한다. 현장에 가보지도 않고 기록만 가지고 책상에 앉아서 수사지휘를 한다. 현장과 동떨어진 수사지휘를 하기도 한다. 이미 수사기록에 충분히 수사가 되어 있음에도 불구하고 수사기록을 제대로 분석하지도 않고 추상적인 수사지휘를 한다.

서민의 생계와 운명이 직결되는 강·폭력, 사기 등 민생범죄의 경우에 특히 그렇다. 송치 후 수사를 하지 않으려고 일부러 초동단계에서 수사지휘를 자꾸 내려보내기도 한다. 그런 다음 송치를 받자마자 경찰의 송치의견을 인용하면서 송치 후 5일도 안 돼서 결정을 하기도 한다.

법원에 기소되는 경우는 어떨까? 판사도 기록에 의존하여 재판을 하다 보니 현장을 잘 모른다. 역시 현장에 나가보려고 하지도 않는다. 심지어 검사와 변호사도 현장검증신청을 하려고 하지 않는다. 공판검사의 경우 수사기록도 제대로 보지 않고 공판에 임하다 보니 증거조사도, 심문도 하지 못한다.

법관 역시 종이수사기록과 서면(검사와 변호사의견서)에 의존하여 재판을 진행하다 보니 수사기록 바깥에 있는 이면의 진실을 보지 못한다. 아니 그 이전에 판사는 법적용만 알았지 사건과 관련된 다양한 인생경험과 경륜, 지혜가 부족하다. 그러다 보니 자신이 접한 법전과 법률서적, 판례에 의존하여 갇힌 세계의 틀에서 재판에 임하게 된다. 헌법에 보장된 무죄추정의 원칙은 현실세계에서는 작동되지 않는다.

언론보도를 통해 수사와 재판도 열리기 전에 유죄로 추정되고 선입견에 의해 수사와 재판을 하게 된다. 관련된 사람들의 말을 경청하고 그들의 진술내용이 사실인지 아닌지를 확인하고 수사와 재판을 하면서 수사기록 외에 다른 진실이 있는지에 대해 규명하는 노력을 해야 하는데 그렇지 못하다. 시간과 사건부담 때문에 그렇게 할 수 없다고 하지만 이는 사람들의 운명과 관련된 사건을 판단한다는 점에서 변명에 불과하다. 필자는 쌍방폭행 사건의 경우 관련자들이 진단서를 제출하면서 상해를 입었다고 주장하는 것을 많이 보아왔다.

문제는 진단서의 발급경위와 내용이 과연 당사자의 진술과 맞는지에 대해 확인을 하려는 노력을 거의 하지 않는다는 것이다. 그리하여 때로는 같은 상처라도 1주부터 8주까지 상해진단의 결과가 나오는 경우도 보았다.

최근 문제가 되고 있는 미투사건 관련 성폭행·성추행사건의 경우를 보자. 현장에 가해자, 피해자 단둘만이 있는 경우 누구의 말이 진실인지에 대해 많은 고민을 하게 된다. 피해자는 성추행을 당했다고 주장하고, 피해자가 지목한 가해자는 그런 사실이 없다고 한다. 이럴 경우 수사관들은 어떻게 할까? 민원을 사지 않기 위해 피해자의 진술을 근거로 기소하게 된다. 피해자의 진술이 일관된다는 이유만으로 피해자의 진술의 신빙성을 배척할 수 없기 때문에 기소한다고 한다.

쌍방의 진술이 다른 경우 대질조사와 거짓말탐지기를 통해 진실을 규명할 수 있다고 하지만 당사자가 동의하지 않는 경우엔 의미가 없다. 그럴 경우 수사관은 당사자의 진술이 신빙성이 있는지에 대한 현장검증과 재현을 통한 사실을 규명할 필요가 있다. 당사자가 나오지 않는 경우 대역을 써서 사실 확인을 할 필요가 있다. 살인 등 강력사건뿐만 아니라 폭행사건의 경우에도 현장검증과 재현을 실시해야 한다. 현장에서 조사하고 현장에서 사실을 확인하고 관련자 입회하에 증거를 수집하여야 한다. 물론 그렇게 하면 일이 많아져 귀찮아진다. 그렇지만 한 사람의 운명과 직결된 것이라고 생각한다면 조사를 소홀히 해서는 안 된다.

휴대폰 등 디지털증거수집분석도 제대로 하여야 한다. 수사의 신속성 못지않게 세밀하고 철저한 조사가 필요하다. 사건을 빨리 종결하는 사람이 유능한 사람으로 인정받기보다는 시간이 걸리더라도 철저히 조사하는 사람이 많아지고 인정받아야 한다. 그것이 국민들이 경찰에 바라는 수사일 것이다. 그리고 그렇게 할 때 국민들은 경찰수사를 신뢰할 수 있다.

법정에서 증인들이 나와 증언하지만 위증죄로 처벌받는 경우는 드물다. 수많은 고소사건이 나중에 무혐의 처리되지만 무고죄로 인지되어 처벌받는 경우도 드물다. 늘 역지사지의 심정으로 수사를 하여야 한다. 수사관도 때로는 수사를 받는 사람이 될 수 있다는 생각으로 수사에 임하여야 한다.

목격자도 임의로 만들어지고 진술도 조작될 가능성이 있다는 생각을 하여야 한다. 그리고 판단이 서지 않을 때는 현장에 자주 나가 현장을 잘 살펴야 한다. 현장에 문제가 있고 현장에 답이 있기 때문이다.

성추행 의혹사건, 무조건 피해자진술만 맹신할 수는 없다

– 진실은 어느 한쪽이 아닌 양쪽의 말을 들어봐야 알 수 있다

지하철에서 갑자기 한 여성이 소리를 지르며 옆에 있던 남자를 지목했다. 그녀는 남자가 자신을 성추행했다고 한다. 결국 남자는 지하철수사대에 연행되어 조사를 받았다. 그런데 남성은 추행사실을 전면 부인했다.

남자는 단지 출퇴근 복잡한 지하철 내에서 승객에 의해 밀리면서 여성과 부딪혔을 뿐이라고 주장한다. 증거는 피해자의 진술진술 밖에 없다. 지하철 내 CCTV에도 찍히지 않았고, 다른 목격자도 없다.

이럴 때 경찰은 피해자의 진술에 의존할 수밖에 없다는 것이다. 더군다나 피해자가 구속수사하지 않으면 청와대 청원게시판에 진정하겠다고 하면, 수사관도 결국엔 피의자로 단정수사할 수밖에 없다.

　피해자의 진술자체만으로도 추행이라고 단정하기가 어려운 복잡한 만원지하철 내에서 단순한 가벼운 신체적 접촉이라도 수사관은 입건하여야 한다는 것이다.

　입건을 하지 않으면 수사관 자신이 편파수사를 했다는 이유로 징계를 당할 가능성이 높다. 추행의 개념은 피해자가 성적수치심을 느꼈느냐에 있다. 단순히 주관적인 판단이다.

　용의자로 지목된 남성이 허리통증이 심하고 주머니에 손을 넣은 상태에서 여성의 신체와 불가피하게 접촉이 있었을 뿐 추행의도가 없었다고 해도 받아들여지지 않는다.

　이런 경우 어떻게 하면 억울함을 입증할 수 있을까? 현장검증을 통해 당사자와 목격자와 같이 추행이 있었다고 하는 시간대에 가서 진술을 토대로 현장재연을 하고 그 장면을 촬영하고 조서에 남기면 좋은데 그렇게 하지 않는다. 그럴만한 시간적 여유도 없고 인력도 없다고 한다. 아니 피해자가 원치 않는다고 한다.

　모든 것은 현장에서 재연을 통해 이루어져야 진실을 가릴 수 있는데도 말이다. 부득이 변호사인 필자는 대역을 써서 당시 현장상황을 재연하고 그 영상과 설명 자료를 경찰에 제출한다. 경찰에 제출해도 잘 받아줄려고 하지 않아 검찰에 제출하는 경우가 많다.

　책상 위에 앉아서 조서기록만 보고 현장상황을 판단하는 검찰의 경우 일방적으로 피해자의 진술만을 신뢰하여 송치한 수사기록을 보면 무혐의가 되기 어렵기 때문이다.

검사와 수사관도 사건현장에 나가 피해자와 목격자, 그리고 피의자의 진술을 토대로 현장검증을 하면 진실규명에 도움이 될 텐데 귀찮은지 그렇게 하지 않는다. 판사는 더 꺼린다. 무조건 피해자와 합의를 보라고만 한다.

합의를 보려고 해도 피해자와 연락이 되어야 되는데 개인정보보호라서 연락을 할 수도 없다. 피의자가 공무원인 경우에는 더욱 해결이 어렵다. 중징계도 결정된 상태에서 수사와 재판을 받아야 한다. 변호사 비용도 만만치 않다.

최근 추행관련 사건에서 대법원이 피해자의 피해관련 구체적이고 일관된 진술만 있어도 유죄판결을 받은 사례가 있다.

과연 현실에서 피해자의 진술이 일관되고 구체적이라는 이유만으로 진실하다고 단정할 수 있을까?

만약 가해자로 지목된 사람에게 누명을 씌우기 위해 사전 연습을 한 상태에서 범죄를 저지르면 수사관은 밝혀내기가 어렵다. 거짓말 탐지기 조사에도 피해자는 응하지 않는다. 진실규명이 그만큼 어렵다는 것이다.

거기에 더해 피해자 측에서 일부시민단체와 언론까지 동원해서 자신의 억울함을 호소하면 영락없이 가해자로 지목된 사람은 억울해도 범죄자로 인정이 된다. 가해자의 가족들도 수사과정에서 정신적 피해를 입는다.

우리 아빠, 남편, 아들은 절대 그런 일을 할 사람이 아닌데도,

언론이나 수사기관에서 단정을 하면 심각한 정신적 트라우마를 입게 된다.

나중에 판결을 통해 무죄로 확정이 되더라도 그 후유증은 만만치 않다. 한사람의 인생이 파멸되고 가정과 직장 역시 파멸된다.

그래서 수사와 재판, 변론은 신중에 신중을 기해야만 한다. 반드시 피해자의 진술 만에 의해 사실을 판단해서는 안 된다. 진술이 틀릴 수도 있다는 가정을 가지고, 진술의 진위확인을 위해 현장에 나가 확인할 필요가 있다.

경찰 업무상
재해 판정 기준 없다

- 멱살잡이에 다친 경찰,
13년 후 디스크도 공무상 재해관련 판결 관련 소회

피의자와의 몸싸움으로 허리디스크가 발생한 경찰관이 13년 후에 주변 부위에도 같은 병을 얻었다면 이는 공무상 재해에 해당한다는 법원판결이 최근 나왔다. 퇴직경찰관이 공무원연금공단을 상대로 장애급여지급을 청구하여, 1심에서는 패소했지만 2심에서는 원고승소를 한 것이다.

필자는 경찰재직 시 파출소, 지구대, 형사 당직팀, 교통단속, 집회시위연행과정에서 주취자등 피의자동행과정에서 몸싸움으로 허리와 어깨 등의 통증을 호소한 사실이 있는 직원들의 호소를 많이 보아왔다.

퇴직 후 이러한 증상이 심해져 허리와 목 디스크, 어깨통증(속칭 오십견)으로 지속적인 물리치료와 통원치료를 받는 경우를 보

146

아왔고, 증상이 악화되어 수술까지 받는 경우도 많았다. 그런데 문제는 퇴직 후 치료와 관련하여 재직 중 직무관련 부상과 인과관계가 인정이 되지 않아, 공무원연금공단으로부터 치료비등 지원을 받지 못하였다.

경찰관은 퇴직 후 소방공무원 다음으로 평균수명이 짧다고 한다. 그만큼 재직 중 각종 사건사고처리와 관련하여 열악한 직무환경에 노출되어 있고 이와 관련 제대로 된 검진과 치료를 받지 못했기 때문이다.

더군다나 경찰병원이 전국에 서울 한 곳밖에 없어 재직 중 경찰병원의 무료진료 혜택을 제대로 받기가 어렵다. 건강검진 역시 형식적인 검진에 그쳐 각종 정밀 심폐질환, 소화기성 질환에 대한 정밀검진을 받기도 어렵다. 특히 파출소, 지구대, 형사, 교통사고조사 등 현장에 노출된 직원들에 대한 의료지원은 열악하기 그지없다.

필자는 서장재직 시 과학수사과 직원이 근무 중 폐암말기판정을 받고 투병 중 사망한 사건을 접한 일이 있다. 각종 변사, 화재사건의 현장 감식과정에서 오염물질과 병원성질환에 노출되어 폐와 간에 위해를 가할 수 있어 직무상 질병에 해당되어 순직처리가 가능하다고 판단되는데도 불구하고 폐암, 간암은 공무상 질병에 해당되지 않는다는 관행에 따라 순직처리를 받지 못했다. 안타까워하는 사람들이 많아, 장례를 순직에 준하는 경찰서장장으로 해서 예우를 해주며 치르게 되었다.

이러한 사례는 비일비재하다. 그럼에도 불구하고 경찰청에서는 이에 대해 충분한 법률적, 제도적 지원을 해주지 못하고 있다.

경찰직무와 질병과의 관련성에 대한 용역과제를 선정, 산업보건학적으로 접근하여 경찰관의 직무의 성격과 질병과의 상관관계를 사실적, 의학적, 법률적으로 분석할 수 있음에도 불구하고 이에 대한 실태조사를 했다는 사실을 들은 적이 없다. 그보다는 오히려 경정 이하 직원들을 대상으로 매년 1회 적성검사를 한다는 얘기만 들었다. 필자는 재직 시 상당수 직원들 또는 배우자와 가족들이 사건, 사고과정에서 정신적 트라우마를 겪어 우울증에 시달리는 경우도 보아왔고, 이와 관련 목숨을 끊은 사례도 보아왔다. 그럼에도 불구하고 이에 대한 조사도 없었고 치료는 단순상담에 그치는 경우가 많았다.

경찰은 당직과 동원을 자주한다. 제대로 된 당직휴게실, 숙직실도 없이 의자에 앉아 소위 날밤을 새는 경우가 많다. 시위현장에서 매연과 미세먼지에 노출되고 자외선에 노출돼도 제대로 된 마스크, 선글라스가 지급이 되지 않으며, 유독가스노출사고 관련 방독면도 지급되지 않는다. 각종 보고와 출동, 평가, 수사단속과정 악성민원제기에 시달려 받는 스트레스는 엄청나다.

승진, 보직 등 인사와 관련한 스트레스는 다른 공무원보다 심하고 특히 여자경찰관의 경우 육아부담에 따른 심적 스트레스가 매우 크다.

그럼에도 불구하고 이와 관련한 검진과 치료는 거의 없다. 경찰병원에 대한 무료의료혜택의 경우 계급이 높은 사람일수록 검진범위혜택이 높다고 들었다. 현장근무자들이 스트레스와 위험에 더 많이 노출됨에도 불구하고 현장근무자들에 대한 의료검진 서비스기회가 본청, 지방청 근무자들보다 열악했다.

몇 년 전 경기 의왕경찰서 근무자들이 폐암에 걸리는 비율이 늘어났는데, 그 원인이 경찰서위치가 석면공장 등에 노출돼 그런 걸로 밝혀져, 시급히 경찰서를 이전하였다.

필자는 경찰서를 건설한다면 제일 먼저 현장근무자들에 대한 친건강시설을 도입하고 싶다. 어떤 경찰서는 주민편익최우선 경찰서를 슬로건으로 하면서 신설경찰서 1층에 시민들 방문도서관을 크게 건립했다. 과연 그것이 필요할까? 직원들이 쾌적하고 건강한 환경에서 근무해야 직원사기도 높아지고 더불어 민원서비스와도 연계되지 않을까?

그러기 위해 1층에 체육관을 크게 짓고 싶다. 당직실도 크고 넓게 만들고 싶다. 현재 당직실과 숙직실은 창문도 없어 채광과 환기가 제대로 되지 않는다. 그러므로 개인침실, 공기정화기, 에어컨 등도 설치하고 안마의자도 비치하고 싶다.

아울러 무도관도 만들어 출근시간과 퇴근시간 후에 개인별로 무도연습을 할 수 있도록 하고, 건강트레이너도 배치하여 경찰관 개인별 맞춤식 체력단련을 해주고 싶다. 추가로 개인별 탈의실, 샤워장도 만들어주고 싶다.

수사부서는 별도로 건물을 만들어서 검사실처럼 개인수사관별로 사무실을 만들어주고 싶다. 현재처럼 민원인들이 앉기조차 힘들고 조사 시 대화소통이 어려운 좁은 공간별 수사실은 사라져야 한다.

채광통풍도 안 되는 답답한 진술녹화실을 고치고, 목격자가 여러 용의자들 중 한사람을 특정할 수 있도록 하는 속칭 라인업실도 만들고 싶다.

아울러 재직 중 직무상 각종 정신적, 육체적 질병과의 상관성에 대한 입증을 위해 근무일지 기록을 확 개선할 필요도 있다. 재직 중에 어떤 사건, 사고현장에 나가 어떻게 업무를 했고 이 과정에서 얻게 된 각종 육체적, 정신적 고통에 대해 상세히 기재할 수 있도록 시스템을 정비개선 할 필요가 있다.

그래야만 퇴직 후 질병이 악화된 경우 공무원연금공단을 상대로 치료비용을 청구할 수 있는데 증빙자료를 삼을 수 있기 때문이다. 아울러 퇴직 후에도 재직 중 직무관련 질병에 대한 보상을 제대로 받을 수 있도록 경찰공제회, 경우회로 하여금 관련 보장성보험상품을 취급하도록 해야 한다.

필자는 경찰퇴직 후 변호사를 하면서 경찰직무환경 개선방안 관련 토론회를 개최한 후 주제발표도 하였다. 당시 정세균 국회의장, 추미애 더불어 민주당대표, 전해철 의원도 축하와 인사말을 전해주었다.

당시 참석자들도 재직 중 경찰관들이 각종 사고와 질병으로 치료시기를 놓쳐 퇴직 후에도 고통받는 안타까운 상황을 방지해야 한다는 데에 동의했다. 그러면서 이를 위해 최소한도의 안전장치를 위한 해결방안이 필요하고, 이와 관련한 정확한 직무환경관련 실태조사가 필요하다는 점에 공감을 표시했다. 경찰처럼 위험에 노출된 직업이 없다.

이제는 이에 대한 정확한 실태조사와 아울러 법적, 제도적 개선대책을 마련할 때이다.

경찰서 피의자 조사 참여과정 단상

– 피의자 조사 시 수사관이 겪게 되는 어려움들

여성청소년 수사팀에서 하는, 몰래카메라 촬영 피의자에 대한 경찰조사에 참여했다. 당시 여성수사관이 조사를 담당했다. 수사관과 조율 당직이 있는 저녁시간에 조사를 시작했다.

요즘은 많은 몰래카메라 촬영 피의자들이 파출소, 지구대에서 이첩된다고 한다. 현행범체포형식으로 동행된 피의자는 처음에는 용변이 급해서 여자화장실에 들어갔다고 부인한다. 그러다가 압수(임의제출)한 휴대폰에서 촬영한 동영상을 제시하면 그제야 인정한다. 더불어 삭제한 동영상까지 휴대폰 포렌식분석을 통해 제시하니, 혐의사실을 인정할 수밖에 없다.

문제는 이런 분석자료를 정리하는 과정에 여성수사관이 구역질을 느끼는 경우가 많다는 것이다. 관련한 영상이 하도 많고 하나같이 분노를 일으킬 만한 것들이기에, 영상을 글로 묘사하는 과정에서 트라우마까지 겪는다.

피의자는 기억이 나지 않거나 아니면 합의하에 촬영한 동영상이라고 하면서, 촬영 후 바로 삭제하고 유포는 하지 않았다면서 부인한다. 그런 피의자를 상대로 수많은 영상자료를 제시하면서 촬영경위를 신문하는 과정은, 수사관을 옆에서 지켜보는 변호사 입장에서 애처롭기까지 하다.

조사를 하면서 피의자가 제출한 휴대폰의 동영상 자료를 확인하는 과정에 또다시 관련유사영상자료를 제시하면, 피의자는 그 영상은 인터넷을 통해 누구든지 쉽게 구할 수 있다고 주장한다.

당시 수사관이 구속영장실질심사에 참여하겠냐와 통지를 가족에게 해도 되느냐라는 신문에 피의자는 조사과정에서 구속되면 어떻게 하나 하는 불안감도 내비쳤다. 수사관이 도주, 증거인멸, 재범의 우려와 관련한 여러 가지 질문을 했다. 그런 질문을 옆에서 지켜보면서 수사관이 영장을 청구할 명분을 쌓는가 하는 느낌도 들었다.

조사가 끝난 후 수사관에게 조사과정을 지켜보면서 느낀 내용을 변호인 의견서 형식으로 그 자리에서 펜으로 작성해서 기록에 첨부해 달라고 했다. 조사를 받았던 피의자에게도 반성문 형식으로 자필로 작성, 조서뒷면에 첨부하도록 했다. 조사가 끝난 후, 피의자의 불안감을 해소시키기 위해 너무 걱정하지 말고 조사과정에서 다 못한 말이나 유리한 자료가 있으면 수사관을 방문, 제출하도록 했다.

밤늦게까지 조사를 한 여자수사관에게 고생 많았다는 말을 건넸다. 이렇게 밤을 새면 몸이 망가지기 쉬운데 우려스러웠다. 분직을 하는데 숙직실도 없어 의자에서 잠을 쪽잠을 자는 경우가 많다고 한다. 정년을 1년 앞둔 베테랑 팀장님은 암수술도 몇 번이나 했다는 것이다.

예전에는 형사당직팀에서 맡던 사건을 여성청소년수사팀이 만들어지면서 여성과 관련된 사건은 모두 인계를 받는다고 한다. 당직이 끝나면 그야말로 녹초가 된다고 한다. 그러다 보니 여성청소년 수사팀의 희망자가 없다고 한다.

여기에 더해 본청, 지방청에서 특별단속, 기획수사, 캠페인 참여, 교육 등 지시가 내려오면 사건조사가 중단된다는 것이다. 수많은 몰카 영상을 수시로 봐야 되는 여성수사관의 입장에서는 트라우마까지 걸린다. 불면증에 식욕도 떨어진다는 것이다. 이러한 현실을 윗분들이 좀 알았으면 한다.

표창, 특진은 바늘구멍이고 자칫 조사과정에서 민원소지가 있으면 징계를 받는다고 한다. 조사받는 사람들은 점점 영악해져 휴대폰으로 조사과정을 녹음하기도 한다. 수시로 돌아오는 야간 분직 당직에 공부로는 승진할 수조차 없다고 한다. 교육, 자격증취득 등 자기관리도 제대로 하지 못해 심사 승진할 수 있는 기회도 없고, 당직사건처리하기 바빠서 특진할 수 있는 기회도 없다.

팀의 특성상 여자수사관은 꼭 필요한데 임신, 육아, 건강 등의 문제로 지원자가 없다. 여성청소년수사팀과 형사당직팀을 같이 통합하면 더 효율성이 높다고 한다. 굳이 여성청소년 수사팀에서 전담할 만큼 전문성이 필요한 사건도 아니라고 한다.

어떤 경우에는 속칭 꽃뱀의심 사건도 접수된다고 한다. 이런 사건은 심도 있는 조사가 필요한데 인력과 시간부족으로 제대로 조사하기가 어렵다고 한다. 영상판독이 필수적이라 자체 포렌식 요원도 필요한데 지방청에 맡기니 시간이 오래 걸린다. 이러한 현장의 목소리가 왜 간담회 때 반영이 안 될까?

본청, 지방청, 교육기관에서 근무하는 사람들은 현장직원들을 모아놓고 오직 실적 올리기 식 행사에 급급하다고 한다. 직원들의 애로사항을 들어주고 해결해주는 모습이 필요하다.

진실이 도대체 뭘까?

– 수사, 재판과정에서 진실규명은
어떻게 이루어지는가?

경찰, 특검보, 변호사, 검찰관생활을 하면서 늘 따라다니는 것이 '무엇이 사실이냐'는 것이다. 버닝썬 사건, 정준영 사건, 안희정 전 지사, 김학의 전 차관사건 등 당사자와 이해관계인들의 진술이 다를 때 과연 무엇이 진실인지를 밝히는 것이 가장 고민거리이며 어려운 문제다.

언론에서는 시청률 올리기를 통해 마치 피해자가 주장하는 내용들이 100% 사실인 것처럼 보도하고, 수사와 재판이 끝나기도 전에 이미 피의자를 범죄자로 만들어버린다. 때로는 이러한 보도내용이 수사와 재판에도 영향을 미친다. 유죄가 나와야 진실이 밝혀진 것이고 무혐의나 무죄가 나오면 수사미진, 재판잘못으로 비난을 받기도 한다. 그래서 헌법상 유·무죄판단은 법관의 법과 양심에 따라 판단되어야 한다. 하지만 실제는 언론보도에 의한 여론재판이라는 것에 의해 영향을 받기도 한다. 이는 수사인 경우에는 더욱 심하게 작용한다. 경찰재직 시 입건, 구속건수, 명수 심지어 조직인원수와 조직범죄 여부에 따라 윗선의 실적평가기준이 만들어진다. 그러다보니 실적에 얽매여 억울하게 입건, 구속되는 사례도 많았다.

별건 수사와 입건 관행도 문제다. 수사의 성패는 진실규명보다는 기소와 처벌에 있다는 관행에서 벗어나지 못하고 있다. 그래서 때로는 법 규정(특히 행정법규)도 모르는 촌 노인, 노약자 등 사회적 약자들이 입건, 처벌되곤 한다.

법은 사람이 만들었고 사람을 위해 존재해야 하는데 오히려 법을 집행하는 사람들은 법이라는 사슬로 사람을 묶어버린다. 그러고도 아무런 양심의 가책도 없이 마음 편하게 지낸다. 역으로 처벌되어야 할 사람들이 속칭 전관예우에 의한 변호사나 일명 뒷배경에 의해 처벌되지 않는 경우도 보았다.

법집행이 강자에게 약하고 약자에게 강한 경우를 종종 보아왔다. 법집행하는 사람들을 양성하는 사법연수원, 법무연수원, 경찰교육원에서조차 인간에 대한 인식, 철학, 인성교육보다는 주어진 사실에 맞춰 기계적으로 증거를 결정하고 법을 적용하는 내용만 가르친다. 그러다보니 법정에서 경찰이나 검찰, 수사관과 법관, 검사에게선 따뜻한 인간의 모습을 볼 수 없었다.

20시간이 넘는 심야조사, 연속조사, 그리고 무자비한 압수수색, 나아가 언론에 수사사항 노출과 신분노출로 본인은 물론 가족들이 당하는 피해에 대해 고민을 하지 않는다. 수사실적을 내세우기 위해 거창하게 언론보도 브리핑을 하고, 당사자가 다투는 데도 불구하고 영장을 청구한다. 그러다 보니 영장실질심사를 앞두고 부담을 느껴 자살을 하는 경우도 늘어났다. 특히 자신의 명예와 가족들의 안위를 걱정하는 사람들일수록 더욱 그렇다. 국민의 알 권리라는 미명하에 아무 죄도 없는 가족들과 지인들까지 괴로움을 당한다.

무죄, 무혐의 입증을 위해 집과 재산을 팔아 고액의 변호사비용을 마련하여 무죄로 확정되더라도 피해회복은 전혀 되지 않는다. 아니 자신들을 무고하게 기소하고 유죄를 선고한 수사관, 검사, 재판관들은 당사자에게 사죄표시는커녕 반성의 기미도 보이지 않는다.

무엇이 진실일까? 진실은 어떻게 규명할 수 있을까? 늘 고민하고 번뇌하고 자성하여야만 한다. 그러기 위해서는 이전에도 언급했다시피 수사관의 서류에 의존한 판단보다는 현장을 가보아야 한다. 사건현장에 나가 고민하고 살펴보고 관련자들의 이야기에 귀를 기울여야 한다. 하지만 현실은 사건이 많다는 이유로, 사건기록에 이미 나와있다는 이유로 사건현장조사를 등한시 한다.

신문할 때도, 질문한 내용만 답변해야 한다. 때로는 시간이 오래되어 잘 기억이 나지 않거나 기억에 의존해 질문에 부인을 하면 다그치기까지 한다. 그것도 좁은 사무실과 법정에서 떨리는 마음에 답변을 하다 보니 수사관의 마음에 들지 않는 답변을 할 수도 있다. 아니 근본적으로 이보다 더한 것은 답변내용을 수사관이 요약하여 작성한다는 것이다. 조사가 끝난 후 조서내용의 진위를 확인해 보라고 하지만, 장시간 조사로 인한 그 많은 내용을 어떻게 확인할 수 있단 말인가. 빨리 집에 가고 싶은 마음에 서명날인에 그친다.

억울하면 변호사를 선임해서 검찰, 법원에 가서 다투라고 한다. 그보다 더 답답한 것은 진술의 진위내용 판단에 대한 선입견이다. 아직도 진술이 일관되거나 일치하면 신빙성이 있고 일치하지 않으면 신빙성이 없다는 선입견이다.

필자의 생각에는 사기꾼일수록 자신 또는 관련자들의 진술을 일치시켜 수사관을 기망하여 허위를 진실로 왜곡한다. 진실을 말할 땐 진술내용의 차이가 나고 음성이 종종 떨리기도 한다. 그래서 조사를 할 땐 그 사람의 진술태도를 자세히 관찰하여야 한다. 그런데 그렇지 못한 것이 현실이다. 한 사람의 피해자 진술을 갖고 유죄를 만들 수도 있다. 피해자 진술의 신빙성, 관련자들의 부인항변의 신빙성을 밝히기 위해서는 현장을 나가서 현장에서 재현하고 확인시켜야 한다. 그런데 귀찮아서 안 한다. 강력사건만 현장보존할 뿐 다른 사건들은 현장보존조치를 하지 않는다. 교통사고와 강력사건을 제외하고는 현장검증도 하지 않는다. 판사 또한 현장검증을 제대로 하지 않는다. 사건이 많다는 이유로, 혹은 시간이 없다는 이유로 서면에 의존해 법원 사무실 내에서 기록 속에 파묻혀 판단을 한다. 아니 대법원판례, 하급심판례가 있다는 이유로 당사자의 주장을 배척한다. 사건마다 케이스가 다 다른데도 말이다.

요즘은 언론보도와 정치권의 영향력도 크다. 여론도 만들어지고 여론을 의식해서 정치권에 의해 사건수사와 재판이 끝나기도 전에 유·무죄를 결정한다.

공포의 대상이 된 정신질환자

– 늘어나는 정신질환자 범죄를
막을 수 있는 방법은 없을까?

50대 김난장 씨는 정신질환 환자이다. 지금은 많이 좋아졌지만 간혹 몇 잔의 술이라도 마시는 날이면 가위를 들고 다니며 횡설수설하고 동네를 활보하고 다닌다. 같은 동네에 사는 주민들은 불안감이 가득하다. 이제는 약을 먹어도 시원치 않다.

진주방화살인사건 이후, 정신질환자에 대한 입원연계가 활발한 가운데, 법률적 문제·관련 인프라 미비로 현장에서 원활한 입원추진에 애로사항이 많다. 지난 주말에도 정신질환 환자인 김난장 씨에 대해 자·타해 위험성이 인정되어 관내 국공립병원 등에 연락을 시도했지만 "병실이 없다. 의사가 없다."는 등의 원론적인 답변만 돌아올 뿐이었다. 정신질환자를 받아주는 병원을 찾기란 하늘의 별 따기였다. 결국 어렵게 관내에 있는 사립

병원에 연락이 되어 병원으로 데려갔지만 의사가 오전 9시 이후에 출근하여 상담 후 입원이 가능하다고 해서 다시 지구대로 데려와 아침까지 보호조치를 했다. 지구대, 파출소에서는 다음 팀 근무자에게 인계해 주는 것이 현실이다.

112신고도 많은데 정신질환자 신고를 접수하게 되면 경찰관 여러 명이 대처해도 병원 입원조치가 어려워 애간장을 태운다. 얼마 전 정신과의사가 피살된 이후로 병원 측에서는 더욱 입원을 기피하고 있다. 언론에서는 의사에 대한 대책만 강구하고 있을 뿐 정작 현장경찰관의 어려움 및 이에 대한 문제점은 전혀 다루지 않고 있다.

정신질환자는 경찰 중심의 입원 연계 구조로 현장에서의 전문적 판단이 정말 어렵다. 또한 법률상 전문기관의 의무조항이 없어 신속한 연계의 한계에 직면한다. 응급입원을 위해서는 의료 비전문가인 경찰의 입원동의 절차가 필수적이다. 하지만 정신건강복지법상 정신건강센터의 현장출동 의무가 없고, 경찰이 입원을 요청·의뢰하더라도 자치단체·의료기관에는 이에 응해야 할 법적인 의무가 없다. 또한 환자를 인계할 의료기관(병실·의료진) 부족으로 경찰이 타 시도 소재 의료기관까지 호송하는 등 입원 추진에 상당한 부담을 호소한다. 지구대, 파출소의 야간근무는 112신고가 폭주할 정도로 업무량이 많은데 정신질환자 업무까지 전적으로 경찰에 떠넘기는 것은 이해할 수 없는 처사이다.

정신질환자를 처리하게 되면 어느 병원에 인계 가능한지 알 수 있도록 야간·휴일 당직병원 운영, 병원현황, 관할 정신의료기관 공실 현황 등을 각 경찰서에 제공할 수 있어야 한다.

지난 2019년 4월 17일 4시 25분경, 진주시 가좌동 한 아파트에 방화 및 살인사건이 발생했다. 한 남자가 4층 본인 집에 불을 지른 다음 계단으로 대피하는 주민들을 상대로 흉기 2자루를 마구 휘두른 것이다. 남자가 휘두른 흉기에 찔린 5명은 치명상을 입어 숨졌고, 이 외에도 13명이 중경상을 입었다.

이 사건의 피의자 안인득은 조현병 병력이 있고 이와 관련 구속, 처벌된 전력도 있다. 과거에도 잘 알려지지는 않았지만 이러한 유형의 사건들이 많이 발생했다.

그때마다 언론과 경찰, 보건복지부, 지자체는 속칭 정신보건법 등을 입법의 사각지대라는 이유만으로 방치했다. 국회에서도 이러한 문제에 대해 심각하게 다루지 않았고 검찰과 법원, 법무부도 방관했다.

정신질환자의 인권을 보호하여야 한다는 이유에서 주변의 사람들에게 알리지도 않았고 주민들은 불안에 떨어야 했다. 아니 언론과 시민단체, 인권단체, 방송, 국회, 정부도 정신질환자의 인권보호에 치중했다. 정신질환자가 몇 명이나 되고 진찰, 투약과 진료는 제대로 받고 있는지에 대하여는 관리조차 하지 않았다. 아니 통계조차 없고 서로 책임만 떠미는 상태였다. 그 과정에서 오히려 정신질환자 본인과 보호자, 의사의 동의를 받기는 사실상 어려웠다.

지자체, 경찰, 보건복지부 등 당국이 방치하는 동안에 가족들은 신고와 보호조치와 관리를 할 여력도 없어 방치하기에 이른 것이다. 가족도 포기한 정신질환자가 홀로 거주하면서 기초생활수급자로 전락, 임대아파트에 거주하면서 주민들에게는 공포감의 대상이 된다는 사실에 대해 방치했다. 경찰, 검찰, 법원, 법무부, 지자체 아니 국가기관의 가장 기본책무가 국민의 생명과 안전인데도 말이다.

정신질환자의 인권을 보호하려면 이들이 제대로 진료와 치료를 받을 수 있도록 주변에서 보호하고 관찰하여야 한다. 지속적인 진료와 투약, 치료가 중단될 때 재발하여 주민들을 공포에 몰아넣을 수도 있다는 사실을 직시하여야 한다.

파출소, 지구대에서도 흉기를 들고 난동을 부린다는 112신고를 접하면 경찰관들 역시 긴장을 한다. 문제는 이들이 현장에 나갈 때 착용하는 방검복이 너무 무겁고, 테이저건도 충분히 지급되어 있지 않아 제압하기가 어렵다는 것이다. 심지어 보호자가 입원동의를 거부할 경우 경찰은 보호자에게 인계할 수밖에 없다는 것이다. 보호자가 신고했다는 이유로 복수가 무서워서 입원동의를 거부한다는 사실을 안다면 입원하고 투약, 치료를 받을 수 있도록 해주어야 하는데도 말이다. 한편 파출소, 지구대 등 현장출동부서에서는 범죄경력, 병력조회도 할 수 없다. 범죄경력조회는 경찰서에서 엄격한 내부절차에 의해 수사부서에서 조회가 가능하기 때문이다. 그래서 초동조치를 하는 파출소, 지구대는 서 내 자체 범죄경력조회를 시급히 하지 못해 이번 진주사건 범죄자의 경우 처벌과 병력이 있음에도 불구하고, 신고사건이 제대로 처리되지 못했다.

필자는 경찰 재직 시 왜 지구대, 파출소에 범죄경력조회단말기를 설치하지 않는지 납득이 되지 않았다. 아마도 직원들이 무분별하게 남용, 도용할 것 같은 내부 불신 때문에 그러는 것 같았다. 국무총리, 장관, 도지사 등이 실태와 문제점을 진단하고 대책을 강구하겠다고 하지만 현실성 있는 대책을 제시하지 않는다. 정신보건센터에 정기적으로 오도록 해야 한다. 제대로 된 치료와 진료를 받을 수 있도록 복지사와 보건센터 직원들이 현장에 방문할 때 신변보호를 해주어야 한다. 그런데 이런 일은 경찰의 일이 아니고 인력도 없다고 한다. 그러는 사이에 우리 주변의 선량한 주민들은 늘 공포에 떨고 있다. 주민센터의 복지사들의 행패가 무서워서 방문과 상담이 어려우면 경찰과의 공동 방문도 추진하여야 한다.

인력이 없다고 하지만 문서 만들고 지시보고만 받는 젊은 인력과 집회시위경비를 맡는 인력을 현장에 배치하면 가능하다. 나아가 파출소, 지구대, 치안센터와 주민센터, 읍면동사무소도 통합운영할 필요가 있다고 본다. 그래야 주민의 안전을 현장에서 제대로 살피게 된다.

정신병원 입원절차도 현장에서 알기 쉽게 개선해야 한다. 법무부 치료감호소도 확충하고 정신질환자 석방 시 지자체와 경찰서에 알리고 정기적인 검진과 치료를 받을 수 있도록 하여야 한다. 국회도 이와 관련한 청문회를 개최하여 근본적인 대책을 수립하여야 한다.

정신질환자의 인권도 중요하지만 그에 못지않게 선량한 국민들의 인권도 중요하다는 현실도 직시할 필요가 있다. 정신질환자의심 난동사건 발생 시 소방과 같이 출동하는 방안도 추진할 필요가 있다.

현장 조치기능을 강화해야 국민들이 안심할 수 있다. 아울러 이로 인해 정신적 충격을 받은 주민들에게 트라우마 치료도 지원해 주어야 한다. 그것이 억울하게 돌아가신 분들과 유족들에게 국가가 해야 할 책무인 것이다.

경찰은 왜 그래?

– 경찰이 달라졌으면 하는 제도

　경찰서장과 본청, 지방청 수사과장을 하면서 이렇게 달라졌으면 하는 것들이 많았다. 본청, 지방청에서 늘 업무지시, 특별단속, 기획수사, 현장 워크숍, 회의를 통해 일선 치안현장에 하달되지만 실제로 현장과 동떨어진 업무지시, 제도가 꽤 있었다. 그런 점에서 필자는 현장에서 이렇게 바뀌었으면 하는 것들이 많았다. 이번 지면을 통하여 그런 것들에 대해 제안을 해보겠다.

1) 본청, 지방청의 특별단속, 기획수사 지시가 너무 많다

　언론보도를 통해 사회적 이목이 집중되는 마약, 환경, 조직폭력배 사건이 발생하면 본청에서는 전국 지방청에 일제단속 지시를 내린다. 단속기간을 100일, 심지어 한 달로 잡는다. 단속기간을 정하고 기간을 통해 단속실적을 평가하고 특진, 포상금까지 지급한다.

문제는 과연 그 기간 내에 첩보입수부터 사건송치까지 가능한가에 있다. 하나의 사건도 검찰에 송치하기까지 두 달이 넘게 걸리는데, 어떻게 한 달 또는 두 달 내에 사건종결이 가능한가 하는 문제이다. 실적도 구속인원, 검거인원 숫자에 맞추다 보니 무리한 영장청구와 부풀리기 식의 형사입건이 행해진다. 검찰송치 후 법원재판과정에서 무혐의 또는 무죄로 결정되면 죄 없는 사람들이 처벌되는 경우가 발생한다.

마약, 조직폭력배 등 사건과 거의 관련이 없는 경찰서까지 일제단속에 동원되다 보니 실적을 만들기 위해 다른 관내로 가서 수사를 하는 경우도 있다. 획일적인 전국단위 특별단속, 기획수사는 정의롭고 공정한 법집행을 위해서라도 어느 정도 지양되어야 한다.

2) 지구대, 파출소의 임의동행, 현행범체포가 남용된다

경찰서의 사건처리는 파출소, 지구대에서 이첩받는 사건이 90% 이상이다. 경찰서 형사팀은 사실상 파출소, 지구대 신고출동사건을 인계받아 처리하는 셈이다. 즉 지구대, 파출소에서 초동수사인 경찰업무를 담당하고 경찰서 형사팀은 검찰송치업무를 담당하는 것이다.

현재 지구대, 파출소에서는 신고출동하여 관련자를 사실상 임의동행, 현행범체포형식으로 경찰서로 동행하여 신병을 인계하는 선에서 업무를 종결한다. 그 과정에서 임의동행, 현행범체포보고서를 통해 동행, 체포과정을 합리화한다. 문제는 굳이 임의동행, 현행범체포를 할 필요가 없거나 할 만한 사안이 아님에도 불구하고 체포동행한다는 점이다.

파출소, 지구대로부터 사건을 인계받은 경찰서 형사당직팀도 보고서 하나만으로 이에 근거해 문답식 조서를 받은 후 대부분 귀가시킨다고 한다. 그러니 체포, 동행의 남용이 문제가 된다. 과거엔 파출소, 지구대에서 피의자신문조서와 수사결과보고서 등을 작성했다. 그러던 것이 현장순찰업무의 강화라는 미명하에 문답식 조서작성을 하지 말고 신병을 경찰서 형사당직팀에 인계하라고 했다. 그러다 보니 무분별한 형사입건(전과자, 속칭 킥스 형사사법정보망에 피의자로 전산입력)과 현행범체포, 임의동행이 성행하게 되었다.

형사당직팀도 자신의 당직시간대에 조사를 마무리하기 위해 현장에 나가 사실 확인 조사보다는 파출소, 지구대의 보고서에 의존해서 문답식 조서만 작성하였다. 그러다보니 공정하고 자세한 현장조사는 등한시되었다.

그 와중에 파출소, 지구대와 형사 당직팀 간의 입건죄명, 체포경위, 피의자특정과 관련한 다툼이 발생하고 이와 관련한 수사불신의 원인이 되었다. 당일 현장조사가 반드시 필요한 경우에만 경찰서 인계조사를 하고 그렇지 않은 경우 파출소, 지구대

단계에서 신고출동보고서로 하는 것이 적절하지 않을까 하는 생각이 든다. 아울러 무조건 파출소, 지구대의 문답식 조서작성을 하지 말라고 하지 말고 간이서식의 조서를 만들어 파출소, 지구대에서도 문답식 조서작성을 하도록 할 필요가 있다.

3) 경찰서 당직, 분직이 쪼개져 있고 너무 많다

경찰의 강력사건은 대개 야간, 심야시간대에 많이 발생한다. 문제는 경찰의 현행 당직팀이 너무 세세히 분리되어 있다는 것이다. 강력팀, 형사팀, 여성청소년팀, 경제팀, 지능팀 등으로 분할되어 있어 신속한 사건처리에 어려움이 많다.

경찰수사전문화를 위해 경찰서별로 수사과, 형사과로 나눈 후 수사과 내 경제팀, 사이버팀, 지능팀으로 구분하고 과거 형사팀에서 처리하던 여성청소년, 실종수사, 성폭력사건을 여성청소년과로 신설하여 이관하였다. 하지만 과별, 팀별로 접수신고단계에서 죄종별로 나눈다고 전문화될 수 있느냐는 것이다. 책임회피식 업무 떠넘기기로 수사의 신속성 저항, 불신만 초래할 뿐이라고 생각된다. 더군다나 충분한 인력과 사무실공간이 확보되지 않은 상태에서, 기존 현장인력을 빼내 팀과 과를 신설하는 것은 수사력 약화만 초래한다고 본다. 현장수사관의 눈에는 과장, 팀장, 상관의 윗자리를 만들기 위해 일선 현장인력을 빼간다는 푸념이 나온다는 비난을 직시할 필요가 있다.

야간에 거의 모든 신고사건처리를 파출소, 지구대에서 나간다. 현장인력은 부족한데 그에 비해 경찰서 형사, 수사, 여성청소년분직인력만 많다는 것은 현장인력 운영에 문제가 많다. 지방청의 경우에도 보고·지시에 급급하여 현장업무를 도와주는 것보다는 개입간섭업무가 많다는 것이다.

업무의 세분화는 인지수사 할 때 필요한 것이다. 신고접수단계에서는 굳이 죄종별로 세분화할 필요가 없다. 아울러 경찰서의 인력을 과감히 통합하거나 지구대, 파출소로 배치하여 현장출동조치인력을 지원하도록 해주어야 한다고 본다.

4) 파출소, 지구대의 통폐합

주민들이 불편하고 호소할 곳이 필요할 때 찾는 곳이 바로 지구대와 파출소이다. 그런데 지구대와 파출소는 야간근무인력이 적다. 파출소, 특히 치안센터의 경우 야간에 불만 켜 있을 뿐 사람이 별로 없다.

야간에 순찰차도 1대뿐인 파출소가 있어 2인 1조로 출동하면 파출소에는 한 사람만 있는 경우도 있다. 병가, 출장, 교육, 파견 등으로 파출소, 지구대 직원들이 빠지면 업무공백은 매우 크다. 야간의 경우 112신고사건이 여러 건 들어오고 보고서 작성, 민원전화 받기, 민원인 방문이 쇄도하면 그야말로 업무가 마비된다.

주취자, 쌍방폭행자, 가정폭력신고, 가출실종신고에 지방청, 경찰서의 보고전화쇄도까지 더하면 그야말로 지구대와 파출소는 아수라장이 된다. 그럼에도 불구하고 근무하는 직원들은 갓 경찰에 배치된 신임순경, 정년을 바라보는 연세 많은 고참 경위, 일부 문제성 직원으로 낙인찍힌 직원들이 배치된다. 게다가 경찰서 간부들의 감독순시와 감찰요원들의 직무감찰로 인해 스트레스에 엄청 시달린다. 간혹 신고출동사건에서 목숨을 잃거나 부상을 당하는 사례도 많다. 주취자에게 멱살도 잡히고 욕도 얻어먹는다. 우울증에 심장질환 등 각종 질병에 시달리기도 한다.

과감하게 본서, 지방청 인력을 줄여 현장파출소, 지구대로 배치하여야 한다. 그리고 파출소, 지구대의 속칭 부책을 없애 현장근무에 전념할 수 있도록 하여야 한다. 자치경찰제 시행과 관련 지자체의 주민센터와 지구대, 파출소를 통합·운영하는 방안도 추진할 필요가 있다고 본다. 무엇보다도 주민들이 한군데에서 모든 관련 민원을 볼 수 있도록 하여야 한다. 파출소, 지구대에서 고소장 접수도 받고 범칙금 납부도 받고 야간에 조사도 받을 수 있도록 해야 한다. 주민센터에서 관리 중인 기초생활수급자, 고령자, 노약자, 소년소녀가장 등에 대한 보호와 전자발찌 부착자 등 성범죄우범자에 대한 정보공유와 관찰도 함께 하도록 하여야 한다. 그래야만 주민과 함께하는 행정서비스 만족차원에서 바람직하다고 본다.

필자는 지구대, 파출소, 경찰서의 일반전화번호를 현판에서 본 적이 없다. 잘 보이지도 않는 홈페이지 영문주소와 안내도만 보일 뿐이다. 주민들이 항시라도 연락하여 고충을 상담 받을 수 있도록 파출소, 지구대, 경찰서의 일반전화번호를 크게 공개할 필요가 있다. 아울러 경찰관은 무조건 파출소, 지구대에 의무적으로 3년간 근무하도록 설정할 필요가 있다. 20대에 경위로 시작해서 50대 초반에 경찰청장이 된 치안총수가 파출소, 지구대에 단 1년도 근무한 경험이 없다고 토로한 사실을 직시할 필요가 있다. 계급별로 승진할 때마다 현장에 나가 의무적으로 반드시 1년 정도 근무하도록 할 필요가 있다고 본다.

고래고기, 전 울산시장 비서실장
비리첩보수사관련 단상
– 수사지휘 방식 문제점과 대책

　요즘 핫이슈가 바로 전 울산시장 비서실장의 비리첩보수집 사건이다. 당시 울산지방경찰청장이 의욕을 가지고 수사를 했던 검찰의 고래고기 고발사건 무혐의처분의 부당성과, 전 울산시장 비서실장 비리첩보수사관련 압수수색 등이 정당한 것이었냐는 것이다.

　청와대와 경찰청을 거쳐 울산청에 하달된 첩보가 특정 시장의 낙선을 겨냥한 하명수사인지, 아닌지와 수사과정에 외압은 없었는지가 이슈가 되고 있다. 이와 관련해서 당시 청와대 민정비서관실에 파견된 검찰수사관이 검찰의 소환을 앞두고 자살하였다. 의혹수사와 관련하여 검찰이 통상 경찰에서 변사자처리수사와 관련하여 보관하던 휴대폰을 압수수색영장을 발부받아 집행까지 하였다. 이에 맞서 경찰도 검찰의 압수수색의 부당성을 내세워 검찰청을 상대로 압수수색영장을 청구하였다. 필자는 이 사건을 보며 많은 생각이 들었다.

이 사건의 쟁점은 바로 이것이다. 과연 울산지방청장이 개별 사건 수사의 지휘를 할 수 있는 권한이 있는가, 없는가이다. 만약 수사지휘를 한다면 어떻게 하여야 하는가?

울산청에 첩보를 이첩한 청와대와 경찰청은 수사지시를 한 것인가? 아니면 단순 이첩만 한 것인가? 수사지시를 하지 않고 이첩만 했다면 이것이 정당한 것인가? 수사지시와 이첩과정에서 결론을 내려놓고 지시와 이첩지시를 한 것인가? 울산청에 수사 또는 이첩지시를 한 사람은 누구인가? 결재를 거쳐 하달했다면 결재를 한 사람은 결재과정에서 어떤 지시를 하였는가? 울산청에 이첩과 지시를 하달한 청와대와 경찰청은 관련 수사사항보고를 받았는가, 받았다면 누가 어떤 식으로 받아 어떻게 처리하였는가? 수사보고와 지시과정에서 보강지시는 없었는가? 보고관련 보고서 작성은 누가 했으며 어떤 식으로 하였는가? 울산청장은 어떤 식으로 수사지시를 하였는가? 당시 수사를 지휘한 사람은 실질적으로 누구였는가? 울산청 과장, 지능범죄수사대장, 차장인지 수사지휘라인에 있던 사람들이 어떤 식으로 수사지휘를 하였는가? 당시 수사실무를 담당했던 수사관들은 수사와 보고과정에서 상부의 지시가 부당하다고 느낀 점은 없는가? 하는 문제를 심도 있게 분석할 필요가 있다고 생각한다.

경찰로부터 시장실 압수수색영장을 청구받은 검찰은 수사기록을 제대로 보고 법원에 영장을 청구한 것인지, 아니면 검찰이 경찰로부터 기소의견으로 송치 받고 무혐의처분을 한 후 오히려 관련 경찰수사관들에게 피의사실공표죄 혐의를 적용한 것은 적절했는지 의문이다. 왜냐하면 필자가 알기로는 피의사실공표죄를 적용한 사례가 없기 때문이다.

당시 검찰의 출석소환통보를 받은 수사관들이 출석을 기피한 이유는 무엇인지, 당시 수사관들에게 출석하지 말도록 지시한 사람은 누구인지, 관련 검찰의 소환통보는 적절한 것인지, 수사지휘권자의 지휘가 부당하다고 느끼면 수사실무자들은 어떻게 하여야 되는지, 수사지휘권의 정당성과 범위, 한계는 어떻게 되는지, 수사지휘권자의 지휘내용과 충돌되는 경우 누구의 의견을 존중해 주어야 되고 지휘내용의 정당성 여부는 누가 판단해 주어야 하는지, 수사지휘권자들은 과연 수사기록을 세세히 살피고 실무자의견도 청취하면서 수사미진사항을 파악하고 보강지시를 내리는지, 아니면 개인적인 선입견에 의해 지시하는지에 관해 분석할 필요가 있다.

왜냐하면 사건을 직접 처리하는 경찰수사실무자들은 경찰 자체 내부의 수사지휘와 검찰의 수사지휘도 이중으로 같이 받기 때문이다. 어떤 경우에는 경찰 자체 내부의 수사지휘가 모호하고 추상적이고 선입견에 사로잡혀 있는 경우가 있다. 이때 실무자의 생각에 지휘내용이 부당하다고 생각되는 경우도 있다.

검찰도 마찬가지다. 수사기록도 세세히 살피지 않고 기록에 있는 내용을 다시 재수사하라고 하거나 경찰수사를 막연히 불신하고 상식에 반하는 수사지휘를 하는 경우도 있기 때문이다. 특히 인사권자인 수사지휘관의 의중에 거슬리는 보고를 할 경우 미움을 받아 보직에서 쫓겨나는 경우도 있다. 검찰과 경찰의 수사권 조정에 있어 일선에서 사건사고를 직접 수사하는 수사관들은 이야기한다. 제발 수사지휘를 제대로 해 달라고, 납득할 수 있게 해 달라고 말이다. 선입견에 사로잡히거나 기록도 제대로 보지 않은 채 형식적으로 지시만 하는 경우, 수사를 빨리 종결 지으려 들거나 그저 실적에 사로잡혀 구속수사를 하라는 경우. 그런 경우도 모두 좋지 않은 지휘에 해당한다. 그런 지휘는 제발 하지 말라는 것이다.

보고서만 받지 말고 수사기록도 보고 현장에 나가보는 것도 중요하다. 담당자와 소통과 고민을 하면서 제대로 수사지휘를 하는 것이 중요하다는 소리다. 아니 그보다 중요한 것은 현장수사에 대한 실무경험이 많은 사람들이 수사지휘를 해야 한다는 점이다.

보고서만 작성하거나 기획, 정보 등 행정업무만 하다가 갑자기 수사국장, 과장, 팀장으로 보직 받아 형식적인 수사지시를 하지 말라는 것이다.

수사를 무조건 불신하는 풍토도 사라져야 한다. 일선 경찰서 경제팀, 지능팀, 교통사고조사팀, 여성청소년수사팀, 형사팀, 강력팀을 가보자. 과연 현장을 뛰는 팀원 중에 속칭 젊고 유능하다는 간부들이 있는지 말이다. 그들은 한결같이 현장을 기피하고 꺼린다. 왜냐하면 사건이 골치 아프기 때문이다. 게다가 결재와 출장, 당직이 너무 많다는 것이다. 악성민원에 징계도 받기 쉽고 시간적 여유도 없는 편이다. 시험이나 심사 승진도 안 된다. 그러니 젊고 유능하다는 경찰관들은 본청, 지방청 나아가 청와대 파견을 선호한다. 교육기관으로 가거나 외국주재관, 유학, 로스쿨 진학준비를 하는 경우도 많다.

이러한 현실은 검찰도 마찬가지다. 형사부를 기피하고 특수, 공안, 기획, 외사부를 선호한다. 국민들은 이로 인한 모든 피해를 본다. 경찰서에 고소, 고발, 신고를 한 국민들이 말이다. 사건처리가 지연되고 불공정하게 처리된다. 국민을 위한 경찰, 검찰을 외치지만 현실은 꼭 그렇지만도 않다. 그러다보니 검찰과 경찰의 수사권조정은 얼핏 보기엔 기관 간의 밥그릇 싸움처럼 보이기도 한다.

불공정 편파수사의 비난, 왜?

– 공정한 수사를 저해하는 것들

    사건수사의 덕목에는 크게 세 가지가 있다. 신속, 공정, 철저함이 바로 그것이다. 국민들이 바라는 가장 중요한 수사의 덕목 요소는 공정성일 것이라고 생각한다. 고소인은 고소장에 기재된 내용대로 처벌해 주기를 바라고 피고소인은 자신은 억울하니 무혐의로 결론 내려지기를 바란다. 그 사이에서 수사관이 심판관 같은 역할을 한다.

    수사관은 먼저 양측의 주장내용을 경청하여야 한다. 그리고 그들의 주장사실이 맞는지 안 맞는지에 대해 확인을 해주어야 한다. 사실 확인은 사건현장에 직접 방문하고 증거를 수집하는 식으로 이루어진다. 또한 양측에서 제출한 증거가 맞는지 안 맞는지에 대해 심도 있게 조사하고 판단하여야 한다. 그런 다음 사실을 확정하고 거기에 맞는 법 규정이 있는지를 검토하여야 한다. 그 후 증거와 사실판단, 법 규정에 따른 결론을 도출한 뒤, 관련자들에 대한 사법처리수준 여부를 결정하여야 한다. 가능하다면 결정된 내용에 대해 고소인 등 사건 관계자들에게 결론도출이유를 그들의 눈높이에 맞게 자세히 설명해 주고 최대한 납득시키도록 하는 노력을 기울여야 한다. 그것이 공정하게 수사하는 절차라고 생각한다. 필자가 생각할 때 수사의 공정을 저해하는 요소들은 다음과 같다.

첫째, 수사관으로서의 잘못된 마음가짐, 즉 인품의 문제다.

수사관 개인이 사건에 대한 선입견을 가지고 자신의 주장만을 질문하고 다그치는 경우를 많이 보아왔다. 심지어 유도신문을 하기도 했다. 여기가 어딘 줄 아느냐, 내가 누군 줄 아느냐며 겁박을 주는 경우도 있었다. 심지어 변호사가 곁에서 지켜보는 가운데서도 그렇게 하였다. 이런 수사관에게 걸리면 공정한 수사는 담보하기가 어렵다. 어떤 수사관은 골치 아픈 사건수사는 하지 않으려고 한다. 관계자들이 많은 집단민원사건, 수사에 시간이 많이 걸리는 사건 등은 서로 맡지 않으려고 한다. 손쉬운 사건, 윗사람들이 좋아하는 사건에 치중을 한다. 검찰의 경우에도 경찰송치사건 중 골치 아픈 사건은 맡기를 꺼린다. 심지어 송치 후 재수사지시를 하면서 모든 수사를 경찰에 맡기고 송치 후 경찰의견대로 결정만 내리는 무책임한 검사도 있었다. 사건처리 실적에 급급해 심도 있는 수사를 하지 않고 쉬운 사건만 골라서 하는 사람들도 있었다.

둘째, 실적에 얽매여 수사관 개인의 성과를 올리려고 수사를 하는 경우이다.

특별단속, 특진, 포상을 위한 구속명수와 형사입건명수를 채우기 위해 마구잡이 식으로 형사입건하고 영장을 청구하는 경우를 보아왔다. 그래서 적지 않은 사람들이 누명을 쓰고 구속, 입건되어 변호사비용으로 가산을 탕진하는 경우를 보아왔다. 성과에 치우친 수사를 하여서는 안 된다. 아니 그런 지시를 내리지 말아야 한다. 수사종결권이 없는 경찰에서 수사결과를 상세히 수사단계에서 브리핑하는 것은 자제하여야 한다. 그로 인해 관계된 기업과 사람들이 얼마나 많은 상처를 입는지를 자성해 보아야 한다.

현재는 수사를 하는 수사관이지만 때로는 수사를 받는 입장이 될 수도 있다는 것을 알아야 한다. 수사권, 특히 압수수색, 체포(수갑 채우는 것), 계좌추적권이 남용되지 않도록 청구 시 고심에 고심을 하여야 한다. 수사관 개인의 잘못된 판단으로 한 사람, 한 가정, 한 기업이 망할 수 있기 때문이다. 그래서 수사관은 항상 겸손하고 배려심이 깊고 늘 성찰하는 훈련을 하여야 한다. 신을 대신하여 법집행을 하기 때문이다.

셋째, 언론보도도 수사의 공정성을 저해한다.

사건이 언론에 보도가 되면 언론이 앞서서 수사를 하기 시작한다. 조사도 하기 전에 구속도 하고 심지어 재판도 열리기 전에 형량을 결정한다. 무고한 사람을 유죄로 만들기도 한다. 그 과정에서 수사가 시작되기도 전에 자살을 하기도 하는 경우도 종종 있다. 형법상 피의사실공표죄가 언론의 자유, 국민의 알 권리라는 미명하에 사라져 가고 있다.

언론에 보도되면 심도 있는 수사는 하지 못하고 수사가 빨리 종결되기도 한다. 언론이 보도하는 방향으로 수사 방향이 선회 되기도 한다. 짜맞추기 식, 국민여론을 가라앉히려는 속칭 여론 맞추기 식의 수사를 한다.

마지막으로 경찰, 검찰, 법원 간 수사의 공정성에 대한 조사 와 평가를 하지 않는다는 점이다.

경찰은 수사결과 발표에만 생색을 내고 검찰과 법원은 경찰송 치 후 사건처리과정과 결과에 대해 경찰에 통보해 주지 않는다. 사회적으로 이목이 집중된 사건의 경우에도 그렇다. 경찰, 검 찰, 법원의 기관들이 공조해서 편찬한 사건처리백서가 한 권도 없다. 그저 자신들의 자화자찬식 백서만 나온다. 이태원 살인사 건, 익산 오거리 살인사건의 잘못된 수사와 재판의 원인을 분석 하고 다시는 이런 일이 발생하지 않도록 기관 간에 모여서 분석 을 하고 노력을 해야 한다. 하지만 현재로선 그런 노력의 기미 가 보이지 않는 실정이다.

경찰도 검찰에 송치하는 일로 끝내고 만다. 송치한 사건에 대해 검찰이 어떤 처분을 하고 어떤 결과가 나왔는지에 대하여 알려고도 하지 않는다. 고소, 고발, 진정 등 사건관계인들이 경찰수사에 대한 만족도에 대하여 제대로 된 평가조사도 하지 않는다.

바로 이러한 것들이 수사의 공정성을 저해하는 요소라고 생각한다. 국민들은 경찰과 검찰의 수사권조정안의 세부내용에 대해 잘 모른다. 어찌 보면 관심이 적다고 할 수 있다. 경찰과 검찰에게 바라는 것은 제발 사건처리를 신속하게 하되 관련된 사람들이 수사결과에 승복할 수 있도록 공정하게 조사해 달라는 것이다.

거기에 더해 수사과정에서 상처를 입은 사람들을 어루만져 주고 마음의 치유도 해달라는 것이다. 과연 대한민국 경찰과 검찰은 그러한 노력을 하고 있을까?

경찰의 날 경찰이 없다?
- 진정으로 경찰을 위한 경찰의 날이 되려면

올해에도 늘 그렇듯 '경찰의 날'을 맞이했다. 통상 경찰서별로 오전 10시에 행사를 한 후 각 과별로 식사를 하고 끝난다. 오후에는 체육대회를 하거나 각자 휴식을 취하며 할 일을 한다. 경찰서별로 자체 체육대회, 등산모임도 없다. 혹시 음주가무로 인해 실수를 하면 물의를 일으킬지도 모른다는 염려에서다. 음악회가 있지만 지휘부 등 선택된 사람들만이 참석하는 행사이다. 순경시험이 고시보다 어렵다고 한다. 순경시험에 어렵게 합격을 해서 파출소에 들어오면 하는 일은 단조로운 일들이다. 광화문에서 집회시위를 위해 장기간 대기하거나 파출소, 지구대에서 신고를 받고 출동하는 일이 전부다.

집회시위과정에서 바닥에서 누워 쪽잠을 자는 경우도 태반이다. 급여도 속칭 현업부서인 강력, 실종수사팀 등을 제외하면 턱없이 부족하다. 교대근무, 장시간 회의, 경호경비동원 등으로 신체리듬이 깨지기도 한다. 어렵게 승진을 해도 한 경찰서에 오래 있었다며 이동을 하라고 한다. 교통비 등으로 급여가 삭감된다. 승진·전보 때는 가만히 있으면 남들이 기피하는 부서로 발령이 난다. 인맥이라도 있어야 승진 등 인사고과에 유리하거나 수당을 많이 받거나 자기계발을 할 수 있는 부서로 갈 수 있다. 고위직으로 올라가는 경찰관들 중 파출소, 지구대, 형사당직, 경제팀 등 기피부서에서 5년 이상 근무한 사람의 숫자는 적은 편이다.

현장에 있으면 승진은커녕 징계를 받기가 쉽다. 순경부터 출발하면 총경이 되기는 하늘의 별 따기다. 잦은 보고와 지시공문, 출동, 악성민원에 시달리고 분직이 많아 정신적 스트레스가 심하다. 여경의 경우는 더욱 심하다. 주취자에 시달리고 야간동원에 시달린다. 갈 수 있는 보직도 제한되어 있다. 결혼하면 육아부담도 만만치 않다. 정년이 가까울수록 정년 후에 무엇을 할 것인가에 대한 두려움도 앞선다.

경위나 경감이 되어 퇴직하는 직원들이 많다. 그러다 보니 파출소, 지구대 팀장 등 현장에서 정년을 맞는 경우도 있다. 지휘부에서는 정년을 대비한 재교육, 취업알선, 복지, 건강대책 등에 대해 관심이 없다. 오히려 지휘부만이 퇴임 후 회사 고문, 산하단체 이사장, 이사로 갈 것인가에 대해 신경만 쓴다. 정년을 앞두고 있는 퇴직대기자들에 대한 복지문제엔 관심이 적다.

경찰이 퇴임 후에 받는 연금은 군인 등 다른 직종보다 턱없이 모자란다. 경찰조직 내에서만 근무하다 보니 세상물정을 잘 몰라 사기도 당한다. 전국의 총경들 중에 순경 출신들의 숫자가 점점 더 적어지고 있다. 현장에서 근무할수록 승진에서 멀어지고 징계 부담만 가중된다. 사고가 나면 무조건 현장근무 직원들부터 중징계를 한다. 보고를 하지 않았다고, 매뉴얼대로 하지 않았다고 말이다. 그 매뉴얼은 현장에서 맞지 않는데도 말이다.

경찰서에 가보면 그 흔한 체육관시설마저 없다. 회의실만 많고 경찰서장실은 엄청나게 크다. 직제에도 없는 팀, 과는 많이 만들면서 사무실은 마련해 주지 않는다. 범인을 제압하려면 체력이 중요한데 체력단련실 하나 없다. 샤워실이나 탈의실도 없다.

직장훈련은 훈시와 지시 일색이다. 수사과의 경우 민원인들이 많은데 팀은 자꾸 만들어 조사를 하려면 공간도 협소하고 소음도 심하다. 직원들은 라꾸라꾸 간이침대나 의자에서 쪽잠을 잔다. 숙직실은 채광과 환기도 잘 되지 않는다.

민원인들과 유착된다고 전화번호도 잘 알려주지 않는다. 실적평가에 따른 부담감에 무분별한 형사입건을 한다. 억울하면 변호사를 선임하고 법원 가서 얘기하라고 하는 사람들도 있다. 진술녹화실은 환기가 안 돼 호흡기질환에 걸릴 수 있다.

징계도 타 기관에 비해 강한 편이다. 행정안전위원회의 소청심사위원회에 가면 그곳엔 경찰이 태반이다. 위원들조차 굳이 이런 것까지 징계를 할 필요가 있느냐 하는 목소리도 나온다. 서장관사시설은 좋지만 과장 등 직원들의 관사시설은 부족하다. 관사가 있어도 냉장고 등 필수시설도 제대로 갖추어져 있지 않은 곳이 적지 않다. 근무환경이 열악하기 짝이 없다. 경찰의 날 스크린엔 이런 모습이 비춰져야 하지 않을까?

6·25, 대간첩작전 등에서 순직한 경찰관들이 많이 있다. 그 유가족도 있다. 지금도 식물인간처럼 병상에 있거나 병마와 투병하는 직원들도 있다. 이런 직원들의 목소리를 들어야 하지 않을까?

필자는 경찰재직 시 『경찰이 위험하다』라는 책을 저술했다. 그런데 아직도 경찰이 위험하다. 현장도 위험하다. 그런데도 이에 대한 정확한 진단과 처방이 없다.

경찰의 날을 맞아, 경찰을 생각해 보니 늘 그렇듯 마음이 아프다.

경찰을 말하다

PART 5

경찰을 위한 변론

어느 경찰관의 피소
– 인권 vs 방어권

경찰관들은 매일같이 수많은 사건·사고와 접하게 된다. 그러다 보니 오해 아닌 오해를 받기도 한다. 어떤 문제를 만나도 풍부한 경험과 냉철한 판단으로 큰 어려움 없이 척척 해결할 것이라는 일반인들의 기대와 믿음이 그런 오해를 낳는다. 하지만 그들에게도 저마다 말 못 할 속내가 있기 마련이다.

박상동(가명)은 젊은 나이에 경찰계에 입문하여 30년간 재직 중인 베테랑 형사다. 그간 크고 작은 사건·사고들을 맡으며 쌓아 올린 공도 적지 않다. 덕분에 많은 포상을 받았고 후배 경찰관들의 귀감이 되곤 했다. 그런 그가 최근에 어처구니없는 일을 당했다.

지난여름이었다. 부촌으로 유명한 어느 마을에서 절도사건이

연쇄적으로 발생했다. 박상동은 절도범을 잡기 위해 팀원들과 함께 곧바로 수색과 탐문 작업에 들어갔고, 그로부터 얼마 후 범인들을 검거하게 되었다. 역시 베테랑 형사는 다르다며 여기 저기서 칭송의 말들이 쏟아졌다.

보름이 넘도록 집에도 들어가지 못한 그가 사건 마무리를 하면서 한시름 놓을 무렵, 예기치 못한 일이 생겼다. 검거된 절도범들이 변호사를 선임해서는 폭행을 당했다고 주장하며 박상동을 국가인권위원회에 제소한 것이었다. 처벌을 받아야 할 도둑이 거꾸로 경찰을 처벌해 달라며 소를 제기하는 웃지 못할 상황이 벌어졌다. 범인들은 자신들이 제압당하는 과정에서 잘못하면 맞아 죽을 뻔했다며 몸에 생긴 상처를 증거로 제시했다.

박상동은 황당하고 어이가 없었다. 숱한 사건들을 처리해 왔지만 이런 경우는 처음이었다. 무엇보다 오랜 기간 경찰로서 사명감을 가지고 쌓아온 자부심에 먹칠을 당하는 것 같아 마음이 상했다. 게다가 당장 어떻게 대응해야 할지도 몰라 난감하고 답답할 따름이었다. 범죄자의 인권보호 주장에 흔들리는 경찰관, 그는 어떻게 해야 자신의 권리를 찾을 수 있을까?

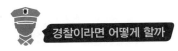

경찰이라면 어떻게 할까

일반적으로 경찰관은 사건 조사의 주체로서 그 역할에 충실할 뿐 객체가 되어본 적이 거의 없다. 그래서 어떤 피치 못할 사정으로 조사를 받게 되면 당황하여 제대로 된 권리 행사를 할 줄 모른다. 이럴 때 필요한 것이 경찰관을 위한 무료 변론이다.

경찰관이 국가인권위원회에 제소당하거나 다른 일로 피소당했을 때는 경찰 조직이 나서서 곤경에 빠진 해당 경찰관을 위해 무료로 변론을 해주어야 할 것이다. 피해자나 피의자의 인권을 무시하는 일이 있어서도 안 되겠지만, 그에 못지않게 방어권 등 경찰관의 권리를 존중하고 보호하는 일이 중요하다. 권리를 보장받는 경찰이 일반인들의 인권도 보장할 수 있는 법이다.

■ 한발 더 나아가기 – 경찰관의 스트레스

경찰관은 직무상 고소인, 고발인, 가해자, 피해자 사이에서 누구의 주장이 옳은지 결정을 하게 된다. 그리고 그 과정에서 누구 한쪽의 손을 들어줄 수밖에 없는 입장에 처한다. 이에 따라 불이익을 받게 된 당사자는 편파수사의 의혹을 제기하며 경찰 내 감찰이나 검찰, 국가인권위원회, 청와대에 민원을 제기한다. 자연 경찰관은 심한 스트레스를 받을 수밖에 없다. 게다가 술과 돈, 유흥(여자)의 유혹도 만만치 않다. 그 과정에서 누명을 뒤집어쓰기도 한다.

문제가 생기면 경찰관은 외로운 싸움을 해나가야 한다. 감찰을 받기도 하고, 법원에 나가 소송에 참여하기도 하고, 소청심사위원회에 가서도 홀로 어려움을 극복해야 한다. 소청과 소송에서 경찰관 인용율(구제되는 비율)이 50%를 넘는 것만 봐도 얼마나 많은 사건들에 억울하게 연루되는지 짐작할 수 있다. 게다가 징계위원회의 결정도 사전에 징계양정이 내려온다. 그만큼 징계위원들의 재량이 적다는 뜻이다. 경찰관 법적 보호장치가 절실하다. 그래야 소신 있게 법을 집행할 수 있고, 조직에 대한 충성심도 높아진다.

총기는 던져서 맞추라고 있는 것?

- 경찰장구의 사용 범위

전에 주취자가 파출소에 난입하여 행패를 부린 일이 있었다. 근무 중이던 경찰관 두 사람은 갑자기 흉기를 들고 나타난 그를 보고는 깜짝 놀랐다. 한 사람은 급히 피신을 하고 다른 한 사람은 의자를 들고 제압하게 되었다. 당시 이 장면이 TV를 타고 전국에 중계되면서 많은 논란을 불러일으켰던 기억이 아직도 생생하다.

만약 이 같은 일이 미국에서 벌어졌다면 어땠을까? 아마도 경찰관들이 총기를 사용했을 것이다. 그렇다면 우리나라 경찰관들은 왜 그러지 못할까? 왜 피신하고 방어하는 데만 급급해하게 될까? 책임 문제가 뒤따르기 때문이다. 과잉 사용, 오발 사고 등에 따르는 감찰과 문책 때문에 총기를 사용하지 못한다는 말이다.

우리나라에서는 외근하는 경찰관들이 공포탄과 실탄을 장전한 총, 가스총, 삼단봉, 수갑을 착용하도록 되어 있다. 하지만 총기를 사용하여 범인을 제압하거나 검거한 사례는 극히 드문 실정이다. 오죽하면 '총기는 쏘라고 있는 게 아니라 던져서 맞추라고 있는 것'이라는 자조 섞인 말조차 나올까. 이것이 치안을 책임지고 범인을 검거해야 하는 경찰의 현실이다.

경찰관들을 상대로 제기되는 진정 가운데 가장 많은 부분을 차지하는 것이 '수갑'이다. 아마도 가장 많이 사용하기 때문일 것이다. 또한 그래서 수갑 채우기를 꺼리게 된다. 가장 많이 사용할 수밖에 없는데 정작 망설이게 되는 역설이 현장에 존재하는 것이다.

김 씨도 수갑 때문에 곤욕을 치렀다. 지난 여름밤 1시경, 술에 취해 택시기사를 폭행하고 택시를 파손한 신 씨를 검거할 때였다. 신 씨는 당시에 험한 욕설을 퍼부어 대는 등 난동을 부렸고 계속되는 난동에 참다못한 김 씨가 그에게 수갑을 채워 체포하려고 했다. 그 과정에서 신 씨가 강하게 저항하자 곁에 있던 경찰관 서너 명이 달려들어 함께 제지하기에 이르렀다. 신 씨는 얼마 뒤 팔에 극심한 통증을 일으켰고 급기야 119구급대에 의해 병원으로 이송되었다. 결국 신 씨의 진정으로 경찰서 자체적으로 진상 조사와 감찰이 실시되었고, 김 씨를 포함한 경찰관들은 한동안 속을 끓여야 했다. 다행히 특별한 징계조치를 당하지 않았지만 인권위 조사까지 받아가며 시달리느라 적잖은 후유증을 겪었고, 이후에는 사건이 발생해도 적극적으로 대응하지 못하게 되었다.

수갑 사용 문제 때문에 끊임없는 스트레스에 시달리는 경찰관들을 어찌해야 할까?

 경찰이라면 어떻게 할까

경찰관들의 수갑 사용 기피 현상이 심각하다. 원인은 자명하다. 피의자의 진정으로 인한 조사와 문책 등으로 시달림을 당하고 싶지 않기 때문이다. 우리 경찰이 어쩌다 이렇게 되었을까?

경찰관이 수갑을 사용하지 않는 것은 전쟁에 나간 군인이 총 쏘기를 거부하는 것과 다를 바가 없다. 군인이 총을 쏘지 않는데 전쟁에서 승리할 수는 없는 노릇이다. 마찬가지로 경찰관들이 수갑 사용을 주저한다면 치안질서 확립이 요원해질 수 있다. 주취자를 비롯한 범법자들을 효과적으로 단속하고 제압할 수 있게끔 재량권을 인정하고 허용해야 할 것이다. 경찰관도 사람인지라 오판하고 실수할 수 있음을 알고 어느 정도의 관용도 베풀 수 있어야 한다. 필요할 경우에는 변호사를 지정하여 해당 경찰관을 위한 변론에도 나서야 한다. 시민의 안전은 결코 자신 없는 경찰이 지킬 수 없기 때문이다.

■ 한발 더 나아가기 – 경찰관이 사용할 수 있는 장구는?

경찰관이 휴대하는 장구로는 권총, 수갑, 삼단봉이 있다. 하지만 유명무실하다. 권총은 사격훈련은 하지만 현장에서는 거의 사용하지 않는다. 우리나라가 총기 소지 자유국이 아니기 때문이다. 수갑 또한 사용 요건이 까다롭고 사용 과정에서 문제가 발생할 소지가 있어 꺼리게 된다. 심지어 휴대하는 경찰관도 많지 않다. 삼단봉은 길이도 짧고 잘 펴지지도 않는다. 그나마 테이저건(전기충격기)이 제일 효과가 있지만 파출소마다 1~2대밖에 지급되지 않는다. 결과적으로 주취소란자나 경찰관 폭행범 등을 제압하는 효과적인 휴대장비가 거의 없다시피 한 실정이다.

범법자들이 경찰관에게 대들고 시민들에게 흉기를 휘두를 때 효과적으로 제압할 수 있는 장구를 하루빨리 개발, 보급해야 한다. 그래야 국민들이 경찰을 믿고 마음 놓고 신고하고 생업에 종사할 수 있다. 경찰관이 주취소란자에게 맞고 흉기를 휘두르는 범법자를 피해 도망가는 모습은 더 이상 없어야 한다. 현재의 장구 사용요건과 절차도 너무 추상적이고 비현실적인 것이 많으므로 실정에 맞게 개정해야 한다.

경찰은 만능이 아니다
- 범죄(자) 관리의 효율성을 높이려면

　어느 기업가는 "세상은 넓고 할 일은 많다"고 했다. 경찰관들은 그야말로 할 일이 많다. 매일같이 발생하는 사건들을 처리해야 하는 데다 상식적으로 조직폭력배의 동태를 살펴야 한다. 어디 그뿐인가. 성범죄자들의 움직임도 파악하고 그 결과까지 정리해야 한다.

　사정이 이렇다 보니 경찰관의 하루는 눈코 뜰 새 없이 바쁘기만 하다. 범죄 예방과 범인 검거만 해도 하루해가 모자랄 판인데, 각종 조사도 해야 하고 확인해야 할 사항도 한두 가지가 아니다. 게다가 때마다 터져 나오는 사회적 이슈에 한순간도 편할 날이 없다. 게다가 자칫 인권침해 소송에 걸려드는 것은 아닐까 조심하고 또 조심해야 한다. 경찰관들의 입에서 '내가 이러려고 경찰관이 되었나?' 하는 한숨이 절로 나온다.

　모르는 사람들은 경찰관들이 일을 너무 형식적으로 처리한다며 불평을 일삼는다. 하지만 지금과 같은 여건에서 그 많은 일들을 제대로 한다는 것이 과연 가능할까? 일례로 조직폭력배 관리만 해도 그렇다. 그들은 전국을 무대로 활동을 벌인다. 그런데도 그들에 대한 관리는 주거지를 기준으로 관할을 지정하여 이루어진다. 자연히 혼선이 빚어지고 관리의 중복이 일어난다. 성범죄자의 경우도 마찬가지다. 이들은 재범률이 높으며 직업도 일정하지 않고 이동도 잦다. 관리하기가 여간 어렵지 않다. 그런데도 상급 기관에서는 일선 경찰관들에게 동향을 철저히 관찰하라는 지시만 내리고 그에 따르는 부담을 덜어주지 않는다.

　할 일은 많고 여건은 따라주지 않는 상황에서 어떻게 하면 효율성을 높일 수 있을까?

 경찰이라면 어떻게 할까

보호관찰제도라는 것이 있다. 형집행 종료자들 중에서 재범의 위험성이 있는 이들을 보호관찰자로 지정하여 각 시·군의 보호관찰위원들이 관찰을 하게 된다. 우리나라에서는 법무부 소관인데, 미국에서는 법원이 관장한다. 판결을 하면서 보호관찰형을 붙이므로 법적 근거가 명확하고 대상자는 보호관찰위원의 명령에 따를 의무가 있다. 이를 위반하면 곧바로 수감된다.

경찰이 보호관찰까지 담당케 하는 것은 법적 근거도 미약할 뿐더러 부담이 너무 크다. 법무부의 보호관찰소 역시 권한은 있는데 한 사람에게 주어진 인원이 과다하다. 이런 현실에서는 경찰과 보호관찰소의 유기적인 협력관계가 절대적으로 요구된다. 서로 자주 만나 정보도 교류하고 협의해 나가야 한다. 일례로 전자발찌 착용 성범죄자가 누군지 경찰도 알 수 있게 하여 추가 범죄를 미연에 방지할 수 있게 해야 한다.

우범자 관리 또한 경찰에게만 일임하지 말고 관련 기관들이 공조체제를 구축해야 한다. 보호관찰소 등 형집행기관뿐 아니라 지방자치단체와 시민단체, 동장, 통, 반장 등이 협조하여 감시하고 연락을 주고받을 수 있어야 한다. 그래야 재범을 막을 수 있다.

■ 한발 더 나아가기 – 경찰의 보호관찰, 법적 근거부터 마련해야

현재 재범의 우려 판정은 법원에서 보호관찰을 통해 실시한다. 출소한 범인을 보호관찰소에서 수시로 면담, 방문하거나 교육수강 및 사회봉사명령을 통해 관리한다. 경찰은 직접 관찰할 수 있는 권한이 없다. 우범자 보호관찰 자체 예규 외에는 어떠한 법적 근거도 마련되어 있지 않기 때문이다. 우선 법적 근거부터 확립하고 경찰이 보호관찰소와 협력할 수 있는 여건도 조성할 필요가 있다. 이를 위해 법무부 장관과 보호국장, 경찰청장, 해당 국장이 만나 서로 업무 교류를 활발히 해야 한다. 지자체, 노동청과도 연계하여 우범자들이 재활할 수 있도록 직업훈련을 실시하고 취업을 알선해주는 노력도 병행되어야 한다.

관할 경찰서로 가보세요
- 고소장 접수 절차 개선

안정신(가명)은 직장 동료의 감언이설에 속아 돈을 빌려주었다가 받지 못해 전전긍긍하고 있었다. 그러다 결국 회사 근처에 있는 파출소를 찾아 고소장을 제출하게 되었다. 그런데 이게 웬일인가! 경찰관이 말하기를 파출소에서는 고소장 접수가 되지 않는다고, 그러니 경찰서로 가보라며 친절히(?) 안내해 주었다. 할 수 없이 발길을 돌려 어렵사리 경찰서에 찾아간 그는 고소장을 제출하려다가 다시 퇴짜를 맞고 말았다. 해당 경찰서에서는 안 되고 주소지 관할 경찰서로 가야 한다는 것이었다.

'무슨 이런 경우가 다 있어? 겨우겨우 찾아왔는데 또다시 다른 경찰서로 가라고? 사람을 가지고 장난치는 것도 아니고, 이게 뭐야?' 안정신은 기분이 몹시 언짢았다. 소리라도 버럭 지르고 싶은 심정이었지만 꾹 참았다.

 '말로만 국민이 믿고 의지할 수 있는 경찰이라고 떠들지, 속은 완전 딴판이야. 도대체 주소지 경찰서에서만 고소장을 접수해야 한다는 법은 어디서 나온 거야? 고소인이 가기 편한 가까운 경찰서에서 신고를 받고, 관할은 경찰서들이 협조해서 처리하면 되는 거 아닌가?' 이런 의문과 불만을 가진 사람은 안정신뿐만이 아닐 것이다. 항의를 해봐도 되돌아오는 대답은 별반 다르지 않았다. "파출소에는 전문 경찰관이 없다", "그럴 여건이 안 된다"는 등의 궁색한 변명들뿐이다. 국민들을 외면하는 고소장 접수 처리, 이제는 바꿔야 하지 않을까?

 경찰이라면 어떻게 할까

현재 모든 범죄 신고는 전국 어느 경찰서나 파출소에서도 가능하게 되어 있다. 그런데 고소장 접수는 그렇지 않다. 엄연히 범죄를 신고하는 것인데도 관할을 따지고 주소지를 구분한다. 누구를 위해 그러는가? 그러고도 국민을 위한 경찰이라고 할 수 있을까?

무조건, 어디서든 고소장을 접수할 수 있게 해야 한다. 일단 접수를 받고 어느 경찰서에서 처리하는 것이 좋을지 경찰 스스로 정하면 된다. 크게 어려울 것도 없다. 온라인으로 접수, 전송, 처리되는 시스템을 이용하면 된다.

문제는 조사 업무다. 고소인 조사를 하게 되면 순찰 업무에 전념할 수 없기 때문이다. 하지만 이 또한 현재의 조사 방법을 바꾸면 해결할 수 있다. 일일이 문답식 조사를 하니까 시간도 많이 걸리고 일도 복잡해지는 것이다. 고소장 내용을 검토해 보고 미비한 사항이나 불명확한 사실에 대해 고소인에게 소명하라고 하면 조사 업무의 부담을 크게 줄일 수 있다.

검찰에 고소했는데, 왜 경찰에서?
- 고소와 수사권의 관계

    최불해(가명)는 최근 도무지 이해할 수 없는 일을 겪었다. 중소기업을 운영하는 그는 협력업체로부터 큰 사기를 당해 검찰에 고소했다가, 얼마 전 자신의 사건이 검찰이 아닌 경찰에서 수사되고 있다는 사실을 알게 되었다. 피해액이 워낙 커서 경찰보다는 검찰에서 직접 수사하는 것이 실체적 진실을 밝히기에 낫다고 생각하여 검찰에 고소한 것인데, 검찰이 고소인 조사 한 번 없이 사건을 경찰로 이첩한 것이었다.

    '검찰에 고소했는데 왜 경찰이 수사하는 거지?'

    최불해는 납득하기 어려웠고 검찰이 사건을 자기들 멋대로 다루는 것 같아 불쾌하기 짝이 없었다. 고소인에게 일언반구도 없이 해당 사건을 이첩하는 것은 고소인을 무시하는 처사다. 조금이라도 더 성실한 수사를 받기를 바라는 마음을 저버리는 행위다. 이런 일을 당해본 사람들은 이렇게 생각한다.

'검찰은 믿을 수 없어. 달면 삼키고 쓰면 뱉는다는 말처럼 하고 싶은 것만 수사하고 그렇지 않은 것은 경찰에 떠넘겨 버리지 않는가. 수사라는 게 그렇게 원칙도 없이 해도 된단 말인가.'

민원인들에게 도움이 되고 믿음을 주는 방법은 무엇일까?

 경찰이라면 어떻게 할까

검찰에 고소장을 제출했는데 경찰에서 조사를 받게 되면 불만이 생기기 마련이다. 그리고 그 불만은 고스란히 경찰의 몫이 된다. 고소인은 경찰의 수사에 좀체 협조하지도 않을뿐더러 조사에 불성실하게 응하게 된다. 악순환이라고 할 수 있다. 따라서 검찰에 제기된 고소는 검찰 스스로 해결하는 것이 맞다. 여기서 생각해 봐야 할 것이 있다. 왜 민원인들이 경찰을 놔두고 검찰에 고소, 진정을 하는가이다. 그것은 본질적으로 경찰보다 검찰의 힘에 의지하고 싶기 때문일 것이다. 검찰에 고소하면 경찰에 신고하는 것보다 유리하지 않을까 하는 기대감이 검찰에의 고소를 유발한다. 그런 차원에서 경찰의 수사권 문제를 재고할 필요가 있다. 굳이 검찰을 거치지 않고 경찰에 수사를 의뢰해도 기대하는 결과를 얻을 수 있게 한다면 어떨까?

수사권제도를 개선하여 경찰이 책임을 지고 수사할 수 있게 해야 한다. 그것이 검찰과 경찰이 현재의 한계를 극복하고 진정으로 거듭나는 길이고,

민원인들에게 편의와 믿음을 선사하는 방법이다.

■ 한발 더 나아가기

고소장에 버젓이, 경찰 수사를 못 믿겠으니 검찰에서 직접 수사해 달라고 요청하는 경우를 본다. 그런데 검찰로 제출된 고소장이 경찰로 하달된다. 고소인 조사를 받으러 온 고소인이 이에 반발한다. 경찰관은 할 말이 없다. 검사의 지휘를 받기 때문에 어쩔 수 없다는 말밖에 할 수 없는 현실이다.

지금과 같은 현실에서는 검찰이 좀 더 분발해야만 한다. 검찰에 고소를 제기했으면 할 수 있는 어느 정도의 수사는 해주고 나서 경찰에 하달하는 것이 맞다. 그런 것도 하지 않고 접수 후 보류하고 있다가 갑자기 경찰에 넘기는 것은 검찰에 대한 민원인의 기대와 믿음을 스스로 저버리는 행위다. 경찰에 하달할 때도 사건의 쟁점 분석도 없이 언제까지 수사하고 나서 지휘를 받으라고 막연하게 지시만 할 게 아니라 실질적인 역할과 책임을 다하는 모습을 보여야 한다.

와보시면 압니다!

– 바꿔야 할 출석요구·조사 방법

사람이 평생 동안 가지 않아서 좋을 곳이 있다고 한다. 그곳이 어디일까? 대표적인 곳이 병원과 경찰서다. 아프지 않고 건강하게 법 없이도 살 수 있는 삶이라면 그보다 좋은 인생도 없을 것이다. 그런데 그런 삶이 허용되는 사람은 그리 많지 않은 것 같다.

슈퍼마켓을 운영하는 양보석(가명)은 얼마 전 경찰서에서 보낸 출석 요구서를 받고는 깜짝 놀랐다. 늘 오는 우편물 중의 하나이겠거니 했는데 그게 아니었던 것이다. 무슨 일로 자신을 부르는지 도무지 알 길이 없었던 그는 봉투에 쓰인 연락처로 전화를 걸었다. 하지만 담당자는 별다른 설명도 해주지 않은 채 자세한 이야기는 출석 당일 경찰서에서 하자며 통명스럽게 끊었다.

양보석은 가슴이 두근거렸다. 지금껏 살면서 경찰서에는 한 번도 가보지 않은 그였다. 자기도 모르게 무슨 잘못을 저지른 것은 아닌가, 누군가의 모함에 걸려든 것은 아닌가 그는 내내 마음을 졸여야 했다. 그러면서 '그까짓 설명 한 번 해주기가 그렇게 어려운 일인가? 이유도 모른 채 경찰이 부른다고 그냥 가야 하나?' 하는 생각이 들었다. 평소 경찰에 대해 품었던 좋은 감정이 일시에 사라지는 것 같았다. 불친절한 경찰관의 태도 하나가 시민들로부터 경찰을 멀어지게 만든다. 바꿔야 한다. 다소 고압적이고 딱딱한 출석 요구와 조사 방식을 시민들이 공감하여 부응할 수 있는 방향으로 바꿔야 한다.

어떻게 해야 시민들이 경찰에게 신뢰와 친밀감을 느끼게 할 수 있을까?

 경찰이라면 어떻게 할까

민사소송에서는 원고의 소장이 제출되면 사본을 만들어 재판이 열리기 전에 피고에게 보내준다. 증거도 함께 동봉된다. 왜 그러는 걸까? 미리 대비하라는 뜻이다. 같은 식으로 피고의 답변서 역시 원고에게 보내진다.

고소장이 접수되면 경찰관은 정해진 절차대로만 진행하지 않는다. 그전에 먼저 게재된 내용을 찬찬히 살펴보고 나서 미흡한 부분이 있으면 원고에게 소명을 요구해야 한다. 피고소인에게도 무조건적으로 출석요구서를 발송하기 전에 고소인의 고소장을 보내주면서 이에 대한 자신의 입장을 서면으로 제출하라고 해야 한다. 그래야 쌍방이 서로 제출한 내용을 충분히 검토한 후 쟁점을 정리하여 소송을 효과적으로 끌어갈 수 있다. 불필요한 오해와 불안감을 조성하지 않으면서 사건을 신속, 공정하게 끝내는 것이 경찰로서의 할 일이다.

■ 한발 더 나아가기

무조건 출석요구서를 발부하여 소환조사를 벌인다. 조사 방식도 예전과 다름없이 문답식에다 컴퓨터 자판 입력이다. 그러다 보니 오타도 나고 답변한 내용이 제대로 기재되지도 않는다. 시간도 평균 3시간을 훌쩍 넘긴다. 때로 조사관이 사건의 쟁점 사항도 파악하지 못한 채 이루어지는 경우도 있다. 서로 답답해하고 지쳐간다. 결과는 어떨까? 우리나라 고소 사건 가운데 80%가 무혐의 불기소 처분되고 기소율은 20%에 그친다. 더 심각한 문제는 조사를 받느라 생업에 전념하지 못하므로 경제 형편이 어려워지고, 조사 내용이 가정이나 직장에 알려져 명예도 평화도 깨진다는 점이다.

이제는 방식을 바꿔야 한다. 스마트한 세상에 맞게 간편, 신속한 방식으로 바꿀 필요가 있다. 질문과 답변식의 조서작성 방식을 조사내용을 요약한 수사보고서로 대체·전환해야 한다. 이메일 조사도 가능하고 화상전화를 통해 조사하고 나서 그 결과를 보고서로 대체할 수도 있다. 미리 조사할 내용과 질문 사항을 알려주고 이에 대한 답변을 받아도 된다. 피조사자의 눈높이에 맞춘 조사 방식의 개선이 절실하다.

저도 경찰관이 되고 싶어요
- 다시 생각하는 채용 기준

　　오늘날 탈북자 수가 2만 명을 넘는다고 한다. 그만큼 많은 탈
북자들이 우리 사회의 어엿한 일원으로 함께 살아가고 있는 것
이다. 그들은 북한의 보안원과 중국 공안의 살벌한 감시를 피해
목숨을 걸고 자유를 찾아 넘어온 사람들이다. 하지만 북한과 다
른 사회에 적응하기가 녹록지 않다.

　　이남선(가명)도 그런 탈북자들 중에 한 사람이다. 부모님과 함
께 천신만고 끝에 한국 땅을 밟았고 벌써 2년이라는 시간이 흘
렀지만 아직도 생활하는 데 어려움이 많다. 자유의 땅 한국에
오면 무엇이든 뜻대로 할 수 있을 거라 생각했다. 하지만 아니
었다. 학교에서는 친구들이 그를 은근히 왕따를 시켰다. 그런가
하면 빨갱이는 북한으로 돌아가라는 모욕적인 말도 들어야만

했다.

'조금만 더 따뜻하게 대해주면 얼마나 좋을까, 아니 더도 말고 다른 친구들과 똑같이 여겨주기만 해도 바랄 것이 없을 텐데….'

그래도 이남선에게는 꼭 이루고픈 장래 희망이 있었다. 그건 바로 경찰관이 되는 것이었다. 그는 처음 한국에 왔을 때 친절하게 대해준 경찰관들을 잊을 수가 없다. 그분들 덕분에 좀 더 빨리 적응할 수 있었고 마음의 문을 열 수 있었다. 자신도 얼른 경찰관이 되어 또 다른 탈북자들을 돌보는 일을 하고 싶다고 그는 말했다.

탈북자 출신의 경찰이 탈북자들을 상대로 보안 분야에서 일한다면 여러모로 도움을 줄 것이다. 하지만 현재 상태로는 불가능하다. 이유는 경쟁률이 높아서도, 언어와 문화에 대한 지식이 부족해서도 아니다. 아예 탈북자 출신을 채용하지 않기 때문이다.

경찰의 채용 기준을 다시 생각해야 하지 않을까?

 경찰이라면 어떻게 할까

탈북자 2만 시대에 들어선 지금도, 우리 사회는 그들을 제대로 껴안지 못하고 있다. 그들이 또 다른 현실에 적응하지 못하고 폭행과 사기 같은 사건에 연루되는 것을 보면 참으로 안타깝다. 탈북자들을 적극적으로 포용하는 법적, 제도적 장치 마련이 시급하다.

그 일환으로 탈북자들 가운데 적임자를 경찰 특채로 선발하여 보안이나 형사 분야에서 일하게 하면 어떨까? 다문화 사회의 현실을 고려하여 인도네시아나 중국 출신을 채용하면서 왜 같은 동포인 탈북자 출신은 배제하는가? 그들에 대한 규제(?)를 풀어 채용하는 것이 그들의 빠른 적응을 도와주고 경찰 업무의 질을 높이는 방법이다.

■ 한발 더 나아가기 – 경찰관 선발, 필기는 쉽게! 수습은 어렵게!

과연 암기식 필기시험 한두 문제의 차이로 우수 경찰관을 선발하는 것이 온당할까? 적성검사마저 사전에 주입된 모범답안에 맞추어 치르고 면접도 똑같은 답변으로 일관한다. 이래 가지고는 경찰관다운 경찰관을 선발하기 어렵다. 머리로만 풀어내는 시험이 아니라 품성과 체력 등 경찰관으로서의 직무 수행에 꼭 필요한 자질과 역량을 검증할 수 있는 채용 시스템을 갖추어야 한다.

일상에서 접하는 다양한 사건들에 대해 어떤 생각을 가지고 있는지 현장 근무자들을 통해 검증을 하고, 잠복근무를 시키면 끝까지 한눈팔지 않고 수행할 수 있는 강인한 체력과 정신력이 있는지 시험해야 한다. 채용 경로도 다양화할 필요가 있다. 경찰 조직에는 무술 특기자도 있어야 하고 엔지니어 출신도 있어야 한다. 탈북자 출신도 필요하고 외국인도 필요하다. 경찰은 다양한 출신 배경과 경력을 가진 사람들을 대상으로 열정과 충성심, 정직, 봉사, 희생정신이 투철한 인재를 뽑아야 한다. 그러기 위해서는 단순한 필기 위주에서 탈피하고 현장에서의 수습 과정을 강화하여 실무자들의 객관적인 평가를 선발의 중심에 두어야 한다.

잘 듣고 있어요?

- 경찰관들에게 제일 중요한 것

우리 인생에서 가장 필요한 것은 무엇일까? 사람들은 흔히 부와 명예, 건강을 떠올린다. 이 3가지가 충족되면 누구라도 행복하게 살 수 있다고 말한다. 그렇다면 우리 경찰관들에게 제일로 중요한 것은 무엇일까? 사명감, 자부심, 체력, 사회 질서 등이 있다. 그중에서 '경청'을 빼놓을 수 없다.

김무이(가명)는 경찰관으로 20년 넘게 재직하면서 자신이 원하는 보직을 맡아본 적이 거의 없었다. 왜 그랬을까? 그 자신도 혼자서 곰곰이 생각해 보았지만 이렇다 할 이유를 찾을 수 없었다. 하지만 그와 함께 일해본 사람들은 다 알고 있었다. '아집' 때문에 그렇다는 것을 말이다. 그는 다른 사람들의 이야기에 귀를 기울이지 않는 사람이었다. 언제나 자기주장만 내세우기 일쑤였다. 자신의 스타일대로 밀어붙여 사건을 해결하고자 했다. 민원인의 말도 듣는 둥 마는 둥 하고 뻣뻣하게 굴면서 일체의 배려를 보이지 않았다. 독불장군, 안하무인격이었다. 그러다 보니 번번이 사람들로부터 진정을 받게 되었다. 상사에게도 낙인이 찍힌 그는 이 부서 저 부서로 옮겨 다녀야 했다.

경찰관에게는 사건을 처리하는 능력 못지않게 관심과 경청의 자세가 중요하다. 사람들이 무엇 때문에 힘들어하는지, 무슨 말을 하고 싶어 하는지 관심을 가지고 묻고 들을 줄 알아야 한다. 사실 이런 경찰관이 사건 해결도 잘한다. 경청하는 경찰관은 어떻게 될 수 있을까?

 경찰이라면 어떻게 할까

우리 경찰관들에게 제일 부족한 덕목 중의 하나가 바로 다른 사람의 말을 들어주는 일이다. 대부분 건성으로 듣거나 말을 못 하게 방해하거나 아예 귀를 막아버리기도 한다. 중간에 민원인의 말을 가로채거나 화를 내 가며 반응하는 경우가 얼마나 많은가.

진지하게 말을 들어주고 고개를 끄덕이며 호응할 줄 알아야 한다. 때로는 맞장구를 치기도 하고, 같이 눈물도 흘리면서 상대방과 공감할 수 있어야 한다. 경찰관은 그런 사람이 되어야 한다. 설사 마음에 들지 않아도 경청하는 자세를 유지해야 한다.

승진시험에 경청 과목을 포함시키면 어떨까? 형법이나 형사소송법 시험으로 지식만 평가하지 말고, 경청과 배려로 직원이나 민원인들에게 얼마나 인정을 받고 있는지를 알아보고 승진에 반영하는 방식을 도입할 때가 되었다.

잘나가던 어느 사업가의 비명

– 압수수색 전에 살펴야 할 것

요즘 강제수사 남용에 지적이 많다. 필요한 경우에 한해 최소한의 범위에 그쳐야 한다는 것이 강제수사의 원칙이다. 하지만 그 원칙대로 집행되고 있는지에 대해서는 자신 있게 그렇다고 답하기가 어려운 것이 현실이다. 수사상의 편의를 위해 체포와 구속, 압수수색 등이 빈번하게 이루어지기 때문이다.

신규명(가명)은 평택에서 중소기업을 성공적으로 경영해 왔다. 중소기업청이 선정하는 우수 벤처기업으로 각종 세제혜택을 받아가며 기업을 급속도로 성장시켰다. 사업이 확장되면서 더 많은 인력을 충원하고 더 많은 곳에 투자를 감행하면서 업계에서 자타가 인정하는 기업가로 이름을 날린 그였다. 그렇게 잘나가던 신규명에게 어느 순간, 비운이 닥쳤다. 무분별한 사람들의 무고로 갑작스레 검찰의 조사를 받게 된 것이다. 그동안 자신의 성공을 시기하는 수많은 사람들이 양산한 루머에 시달려온 그였다. 그런 루머가 귀에 들어올 때에도 으레 그러려니 하면서 대수롭지 않게 넘겨온 그였다. 하지만 이번에는 어찌할 도리가 없었다. 회사 돈을 개인적으로 유용했다는 명목으로 검찰이 들이닥쳤다. 전면적인 압수수색을 벌이고 호된 조사가 이루어지면서 회사는 말 그대로 쑥대밭이 되었고 신규명 자신도 회복하기 어려운 상처를 입었다. 결국 오랜 수사 끝에 무혐의 판정을 받긴 했으나 그것은 돌이킬 수 없는 피해를 당한 다음의 일이었다. 심혈을 기울여 키워온 사업체를 근거 없는 고발로 일시에 날려버리게 된 사람들의 딱한 사정은 어떻게 보상받아야 할까? 이런 일이 재발하지 않게 하려면 어떤 노력을 기울여야 할까?

 경찰이라면 어떻게 할까

무분별한 압수수색이 막대한 피해를 낳고 개인의 인권을 침해하는 결과를 가져온다. 업무를 마비시키고 사람들에게 지울 수 없는 상처를 남겨 개인과 회사 전체를 걷잡을 수 없는 수렁으로 밀어 넣는다. 압수수색은 필요한 수사단서를 재빠르게 확보하기 위한 불가피한 조치라고 할 수 있다. 하지만 신중에 신중을 기하지 않으면 법이라는 이름으로 불의의 사고를 유발하게 된다. 압수수색영장을 신청하기에 앞서 기초적인 혐의 사실이라도 재확인하는 노력이 필요하고, 구속영장실질심사와 같이 압수수색영장에도 심사제도를 도입해야 한다.

■ 한발 더 나아가기 – 잘못된 압수수색에는 피해 보상을

무차별 압수수색으로 인한 피해가 이만저만이 아니다. 개인의 명예가 실추되는 것은 물론 기업의 생명이 위태로워진다. 이러한 피해를 줄이는 방법은 간단하다.

영장이 좀 더 신중하게 발부될 수 있도록 실질심사를 하고, 압수수색 영장 발부 심사요건도 구속영장 발부 요건과 동등하고 엄격하게 적용해야 한다. 사후 처리도 중요하다. 압수수색 후에 잘못으로 드러나면 사죄와 함께 피해를 변상해 주어야 한다. 그에 못지않게 중요한 것이 압수수색의 전문성을 키우는 일이다. 사건과 무관한 물건들까지 닥치는 대로 가져가고 그러면서도 분석은 제대로 할 줄 모르는 실태는 큰 문제다. 하루빨리 개선해야 한다.

제발 소음만이라도 막아주세요
– 야간집회 문제와 그 해결책

　얼마 전 성시로(가명)는 40 평생 모은 돈에 일부 대출을 보태어 생애 처음으로 내 집 마련의 꿈을 이루게 되었다. 역세권에 신축된 아파트를 분양받아 마침내 입주하기에 이른 것이다. 그는 세상을 다 얻은 사람처럼 날아갈 듯이 기뻤다. 하지만 기쁨도 잠시, 성시로는 끝없는 두통에 시달려야 했다. 아파트 앞에서 하루가 멀다 하고 벌어지는 집회 탓에 골머리를 앓게 된 것이다. 야간집회가 전면 허용되고부터는 전에 없던 불면증까지 생겼다. 한때는 오죽하면 저럴까, 다들 살기 어려워 그러는 건데 참아야지 하고 생각했다. 한때는 그들을 이해하려고 노력도 해보았지만, 이제는 도저히 참으려고 해도 참을 수 없는 지경이 되었다. 집회를 위해 모인 무리들은 확성기에 대고 고래고래 소리를 지르고, 노래를 부르고, 행진을 했다. 성시로는 날이면 날마다 전쟁을 치르는 기분이었다.

할 수 없어 그는 경찰에 민원을 넣었다. 모이는 것까지는 어쩔 수 없다 하더라도 제발 주민이나 상인들을 생각해 소음만이라도 규제해 달라고 했다. 하지만 별 효력이 없었다. 경찰에서도 일정한 규제가 필요하다는 데 공감을 표했지만 집회의 특성상 불거져 나오는 돌발상황까지는 어쩔 수 없다는 입장이었다.

집회로 인한 소음과 소란을 어떻게 처리해야 할까?

 경찰이라면 어떻게 할까

주민들이 야간집회의 소음 때문에 잠을 이루지 못하고 있다. 시끄러워 잠을 잘 수가 없다며 하소연을 한다. 집회를 하는 사람들은 법적으로 허용된 것이라고 주장하며 이를 외면한다.

법으로 보장된 집회의 권리도 중요하지만 그로 인해 주민들이 피해를 입지 않을 권리도 똑같이 중요하다. 집회의 자유도 국민의 건강권과 행복추구권을 침해할 수는 없기 때문이다. 기준을 좀 더 강화하여 현재 허용된 야간 소음 기준인 60데시벨을 재조정해야 한다. 집회는 보장하되, 확성기 사용은 가급적 자제하도록 해야 한다. 집회의 자유도 중요하지만 주민의 수면, 학습, 통행, 영업권 등 생활권을 침해하지 않는 선에서 보장하여야 한다. 그것이 요구가 다르고 사정이 다른 사람들이 더불어 살 수 있는 길이다.

꼭 한꺼번에 내야 하나요?
– 벌금 납부 방법, 이대로 좋은가

벌금은 가장 보편적인 형태의 처벌이다. 신체의 자유를 제한하지 않으면서 처벌의 효과를 거둘 수 있으므로 좋은 제도로 평가받기도 한다. 하지만 이것 역시 가난한 서민들에게는 무용지물이나 다름없다. 심지어 돈이 없으니 차라리 교도소에 들어가 몸으로 때우는 게 낫다는 말이 나오기도 한다. 벌금의 맹점이 아닐 수 없다.

1년 전, 신상범(가명)은 상해 사고로 입건되어 250만 원의 벌금을 선고받았다. 하지만 납부할 길이 막막했다. 그는 검찰청에 가서 사정을 설명하고 가진 돈 70만 원을 우선 납부했다. 나머지는 분할로 납부하면 안 되겠느냐고 관계자에게 물었다. 하지만 담당자는 그런 규정이 없다는 원론적인 답변만 늘어놓았다.

결국 그는 벌금을 감당할 수 없어 종적을 감추게 되었고, 벌금 미납으로 인한 기소중지자로 수배 대상이 되고 말았다.

벌금은 꼭 한 번에 내야만 하는 걸까? 벌금 때문에 또다시 불법을 저지르게 되는 악순환의 고리를 어떻게 하면 끊을 수 있을까?

경찰이라면 어떻게 할까

벌금은 납부할 형편이 안 되는 사람에게는 또 다른 범죄의 원인을 제공한다. 도주와 절도, 심지어 강도를 저지르기도 한다. 마치 1차 대전 후 독일의 많은 배상금 때문에 히틀러가 등장하여 군사력을 증강하고 전쟁을 일으킨 것과 같다.

우리나라에는 유독 벌금 미납자가 많다. 벌금 액수가 피고인의 부담 능력을 훨씬 초과하여 미납하는 경우가 많기 때문이다. 이러한 사실은 벌금제도에 기인하는 바가 크다고 볼 수 있다. 벌금형을 선고할 때 분할납부와 같은 실현 가능한 방법을 지정하면 어떨까? 다양하면서도 현실적인 방법을 제시하면 벌금 미납으로 인한 도주자를 줄일 수 있고, 그들을 검거하기 위한 수사력의 낭비도 막을 수 있을 것이다. 벌금형의 실효성과 집행력을 높이고 당사자에게도 도움이 될 수 있도록 벌금 납부 능력을 감안한 효율적인 벌금부과 기준을 마련해야 한다.

또한 하루 속히 납부액, 절차, 방식을 개선해야 한다. 분납, 물납, 그리고 즉결을 통한 납부 가능한 벌금액 산정이 필요하다. 사회봉사 활동으로 대신 납부할 수 있게 하거나 납부 성실 이행자에 대한 감면 조치도 도입하면 좋을 것이다.

하고 싶어도 할 수가 없어요
- 합의와 처벌의 상관관계

    강차한(가명)은 어렸을 때부터 어렵게 살아왔다. 그는 부족한 형편에서도 어려운 이웃들을 도와주려 애썼다. 심성이 착한 사람이었다. 이런 이들에게는 하늘이 복을 내릴 법도 하건만 어찌된 일인지 현실은 그의 편이 되어주기는커녕 오히려 그의 발목을 잡기 일쑤였다. 친구의 간절한 부탁으로 있는 돈 없는 돈 다 끌어모아 빌려주었다가 친구가 잠적하는 바람에 큰 곤욕을 치른 적도 있었다. 그래도 그는 낙심하지 않고 언젠가는 갚겠지 하며 다시 힘을 내어 열심히 살았다. 날개 없는 천사가 따로 없었다.

    작년에 강차한은 조그만 중고 화물차를 한 대 구입했다. 새롭게 생선장사를 해볼 요량으로 산 것인데, 그는 이 차를 다른 무엇보다 애지중지하게 되었다. 새 차는 아니었지만 그에게는 자신과 가족의 생계를 책임져 줄 소중한 파트너였기 때문이다. 그는 파트너를 내 몸처럼 여기며 새벽부터 밤늦게까지 생선을 팔러 다녔다. 주말에도 쉬지 않고 돈을 벌기 위해 뛰었다. 장사도 그럭저럭 잘되는 편이었다. 하지만 하늘은 끝내 그를 도와주지 않았다.

　장사를 시작한 지 얼마 안 되었을 무렵이었다. 어느 밤늦은 시각, 귀갓길이었다. 그는 피곤한 중에도 정신을 바짝 차리고 차를 몰고 있었다. 그런데 갑자기 도로에서 할머니가 튀어나왔다. 급정거를 했지만 이미 할머니는 쓰러져 있었다. 그는 놀란 와중에도 할머니를 차에 태워 얼른 병원으로 향했다.

　조사차원에서 출동한 경찰관은 설사 종합보험에 가입되어 있더라도 합의를 보지 않으면 형사처벌을 면할 수 없다고 말했다. 하지만 가진 돈이 없는데 어떻게 합의를 한단 말인가. 강차한은 눈앞이 캄캄했다.

　간신히 먹고사는 사람들은 합의를 보고 싶어도 할 수가 없다. 이런 경우에는 어떻게 처리해야 할까?

경찰이라면 어떻게 할까

합의가 사건 처리의 절대 요건으로 작용하는 경우를 자주 본다. 그리고 그 성사 여부는 대부분 합의금의 액수에 의해 판가름 난다. 형량도 그에 준하여 결정되곤 한다. 하지만 이는 정의에 맞지 않는 것이다. 가난하면 합의를 하려고 해도 할 수가 없다. 반대로 죄질이 좋지 않은 경우에도 돈으로 원만한 합의를 해 죄를 무마시키는 경우도 있다. 이런 상황이라면 과연 법과 정의가 살아있다고 할 수 있을까?

형량을 결정할 때는 합의 여부 외에 죄질과 범행 동기, 범행 후 진지한 반성의 노력이 있었는지 등을 감안해야 한다. 그렇게 해서 심도 있는 심사를 거치는 것이 바람직하다. 그래야만 유전무죄, 무전유죄라는 소리도 더 이상 나오지 않을 것이다.

■ 한발 더 나아가기

사건 브로커들이 판을 친다. 가해자와 피해자 간에 합의를 하려고 해도 조정을 해주는 사람이 없기 때문이다. 경찰이 나서야 한다. 형사입건, 조사 전에 먼저 당사자들을 불러 서로 원하는 것이 무엇인지 알아볼 필요가 있다. 합의 금액 등 조건이 상이할 경우에는 그 분야의 전문가에게 의뢰하여 적정한 기준을 제시하여 조정하면 된다.

그렇지 않고 당사자들끼리 해결할 문제라고 방치한다면 냄새를 맡고 사건 브로커들이 개입하게 된다. 경찰은 합의 금액 공탁과 같은 다른 문제들에 대해서도 실질적인 도움을 줄 수 있다. 기소, 불기소 처리 후 발생할 수 있는 당사자 간의 감정 문제도, 형사사건 처리 후의 민사상 손해배상 청구 별도 제기 문제도 조정이란 절차를 통해 얼마든지 원만하게 해결될 수 있다.

술에는 장사가 없다지만
– 주취소란자에 대한 대응

　우리 경찰관들 모두가 학을 떼는 일이 있다. 바로 주취소란자를 상대하는 일이다. 어떻게 해도 그들을 통제할 길이 없기 때문이다. 술에 취해서 기물을 파손하고 영업을 방해하는 것은 물론 출동 경찰관에게 욕설을 퍼붓고 멱살을 휘어잡는다.

　이동주(가명) 순경은 자신이 술에 취한 사람들을 어느 정도 이해하고 있다고 생각했다. 경찰복을 입기 전에는 자신도 애주가의 한 사람으로서, 많이 마시지는 않았지만 술로 위안을 삼거나 여유를 즐기곤 했기 때문이다. 그렇게 술을 좋아하던 그도 경찰이 되고 나서는 굳은 결심으로 술을 입에 대지 않았다.

　이 순경은 '조국은 그대를 믿노라'라는 사명감을 가슴에 품고 경찰로서 무슨 일이든 헤쳐 나갈 수 있다고 믿었다. 하지만 역시 술에는 도리가 없었다. 전에는 이해할 수 있을 것도 같았던 주취자들을 직접 상대하려니 도무지 감당이 안 되었다.

그들 앞에는 사람도, 법도 없다. 물어도 대답을 안 하고 제멋대로 성질을 부리며 바닥에 엎어져 나뒹구는가 하면 정신 나간 사람처럼 닥치는 대로 때리고 부순다. 때로는 애먼 경찰관에게 자신의 죄를 뒤집어씌우기도 한다. 순찰차에 태워 경찰서로 동행하려고 하면 성추행이라고 소리치는 여자들도 많다.

이 순경은 지치고 힘들었다. 그들을 진정시키는 것도 그렇고 조사를 위해 술이 깰 때까지 무작정 기다려야 하는 것도 그랬다. 설사 그들이 욕하고 대들며 멱살을 잡아챈다 해도 공무집행방해로 입건하기가 어려웠다. 술에 취한 상태이므로 고의성을 인정하기 어렵다는 것이 그 이유였다.

경찰관조차 상대하기 힘든 주취소란자, 이제는 다르게 대응해야 하지 않을까?

 경찰이라면 어떻게 할까

음주는 범죄예방 차원에서 다루어야 한다. 폭행과 강도 등 더 큰 피해를 차단하기 위해서라도 주취소란자는 일단 현행범으로 체포하여 유치장에 구금하는 것이 최선책이다. 그리고 곧바로 즉결심판에 회부하여 형벌을 신속하게 집행함으로써 단속 효과를 높여야 한다. 그러면 그들로 인한 일선 경찰관들의 애로사항도 대폭 줄어들 것이다.

점점 더 큰 사회문제를 야기하고 있는 청소년 음주에 대해서도 강력한 대응이 요청된다. 신분증 검사를 철저히 하고, 음주 상태에서 벌인 범행에 대해서는 단호한 조치를 취해 다시는 그 같은 행위를 되풀이하는 일이 없게 해야 한다. 그래야 주취소란 행위를 바로잡을 수 있다. 강력한 법 집행이 위험으로부터 시민들을 보호한다.

■ 한발 더 나아가기

영장 없는 즉결보호실 유치가 불법이라는 결정 때문에 즉결보호실이 사라졌다. 그로부터 주취소란, 가정폭력, 경찰관에 대한 폭언과 폭행이 늘어났다. 하지만 수갑 사용은 더욱 어려워졌다. 조금만 상처가 나도 경찰관이 폭행했다며 검찰, 인권위, 자체 감찰에 진정을 하기 때문이다.

과거에는 이런 범법자들은 즉결보호실에 유치했다. 그리고 다음 날 즉결법정에 회부, 판사가 구류 및 유치명령 처분을 내려 유치장에 수감했다. 술이 덜 깬 상태로 판사에게 재판을 받다 보니 있는 그대로의 모습이 판사에게 전달되었고, 유치장에 입감시키니 소란이 사라지고 경찰을 우습게 보는 행위도 줄어들었다. 사라진 즉결보호실과 각 경찰서 유치장(주취자빈발 지구대내 유치장)도 부활시켜야 한다.

약자의 눈물을 생각하라

- 형사입건 고민

경쟁업소들끼리 상대방을 골탕 먹이려 드는 행각이 잇따르고 있다. 경찰서에는 각종 고소·고발장이 쉴 새 없이 날아든다. 고소 내용도 가지각색이다. 노래방에서 도우미를 고용해 술을 팔았다, 슈퍼마켓에서 미성년자에게 주류를 판매했다, 포장마차에서 무허가로 음식을 팔고 있다, 점당 천 원의 고스톱판을 벌였다 등등. 경쟁업소들끼리 상대방을 골탕 먹이려고 일부러 불법 상황을 조성하고 영상으로 촬영하여 진정하는 경우도 있고, 보상금을 타내려고 파파라치들이 현장을 적발하여 신고하는 경우도 있다. 그러면 경찰에서는 관련 피의자들을 형사입건하고 관계기관에 통보, 영업정지 처분을 내리게 한다. 행정기관에 신고된 경우에도 대개 정해진 절차에 따라 유사한 처분이 내려진다. 그렇다고 그것으로 다 끝나는 게 아니다.

도박죄로 고발된 사람은 왜 나만 입건하느냐, 골프장에서 내기 골프 하는 사람은 놔두고 친목 도모 차원에서 어쩌다 오락 한번 한 거 가지고 왜 이렇게 잡아들이냐며 거세게 항의한다. 청소년보호법 위반으로 걸려든 업소 역시 마찬가지다. 대한민국에서 일일이 신분증을 확인하는 데가 있느냐, 사진을 바꾸고 생년월일도 조작하는 판국에 어떻게 청소년인지를 알아볼 수 있느냐고 억울함을 호소한다. 노래방 주인도 술 안 팔고 도우미 고용 안 하고 장사할 수 있느냐, 어렵게 먹고사는데 너무한 것 아니냐, 벌금 내고 영업정지 당하면 생계가 막막하다고 하소연한다.

그들의 항의와 하소연을 접하다 보면 곧이곧대로 형사처벌을 하는 것이 과연 온당한가 하는 고민이 생긴다. 법 조항을 문리적으로 해석하여 무조건 형사입건하는 것만이 능사는 아니라는 생각도 든다. 서민들의 생계를 위협하는 형사입건 외에 다른 방법은 없을까?

 경찰이라면 어떻게 할까

현실적으로는 즉결심판이 가장 효과적인 수단이 될 것 같다. 20만 원 이하의 벌금형에 해당하는 죄(선고형 기준)를 위반하면 즉결심판에 회부할 수 있는데, 무엇보다 경찰의 신중한 접근이 중요하다. 형사입건과 즉결심판사이에서 실질적인 고민을 하고, 검찰과 법원이 올바른 판단을 할 수 있게 준비해야 할 것이다.

현재 우리는 누구를 막론하고 형사입건 만능주의에 젖어 있다. 강력한 처벌을 원하는 고소인도 그렇고 입건 결과로 실적을 평가하는 경찰도 그렇다. 그 속에서 사회적·경제적 약자인 영세상인들에게 적용되는 식품위생법, 음악산업진흥법, 청소년보호법 처분이 가혹할 때가 많다. 피의자에게 억울한 일이 생기지 않도록 해야 한다. 위법에는 당연히 처벌이 뒤따라야 하지만, 행정법규 위반은 고의가 추정된다. 고발은 유죄에 가깝다. 무혐의가 어렵다는 등의 선입견을 버리고 어떤 처분이 사회 정의에 맞고 국민의 법 감정에 부합하는지 생각하고 또 생각해야 한다. 그런 노력이 우리 경찰을 진정한 국민의 경찰로 만들고 지금의 사회를 보다 나은 사회로 만들어 간다.

■ 한발 더 나아가기 - 법 앞에 사람이다!

사건이 들어오면 경찰은 피의자신문조서를 받아 송치하기에 급하다. 그들은 사정이나 불이익으로 인한 고통을 돌아보지 않는다. 미신고 포장마차, 오폐수 처리시설이 없는 축산농가, 청소년에게 술과 담배를 판 치킨집과 슈퍼 주인은 물론 유사성행위를 한 노인이 모두 적발 즉시 형사입건의 대상이 된다. 그 결과, 당사자들은 생활이 어려워지고 살길이 막막해진다. 게다가 대부분이 사회적, 경제적 약자들이다. 과연 정당한 법집행으로만 판단할 문제인지 고민해 볼 일이다. 모든 사람은 법 앞에 평범하다. 하지만 법은 사람이 만들었다. 법 이전에 사람이 있었다. 누구를 처벌하기 위한 법인지, 어떻게 하는 것이 법의 근본 취지를 살리는 길인지 한 번 더 고민하고 법을 적용하는 경찰이 되어야 한다.

경찰을 말하다

PART 6

대한민국을
바꾸려면

현재 진행 중인 경찰과 검찰의 기 싸움
– 경·검 수사권조정관련 이렇게 바뀌면 좋겠다

경찰과 검찰의 수사 모습이 이렇게 바뀌었으면 하는 생각이 든다. 그 생각들을 정리해 보았다.

먼저 대부분의 국민들은 검찰과 경찰서에 가기를 꺼린다. 검찰과 경찰에서 부르면 심적 부담부터 느끼길 마련이다. 무엇 때문에 나를 부르는지, 조사를 받는다면 몇 시간이나 걸리는지, 조사 후 구속하는 것은 아닌지, 내가 사실대로 이야기해도 과연 경찰과 검찰에서 믿어줄 것인지, 하는 의문부터 갖는다. 지레 겁을 먹고 마는 것이다.

일부 피해자의 경우, 피해사실을 신고하기 위해 검찰과 접촉하면 검찰은 경찰서에 가보라고 한다. 막상 경찰들을 만나면 그들은 담당 부서와 업무가 아니라면서 검찰에게 일을 떠넘긴다.

여차저차해서 검찰 조사를 받으면 몸과 마음이 녹초가 되는 경우도 많다. 그 이유는 조사 시간이 오래 걸리기 때문이다. 검찰의 경우 최장 20여 시간 넘게 심야조사까지 받으니 당연 녹초가 될 수밖에 없다. 흔히들 국민에게 다가서는 검찰이라고 말하곤 한다. 하지만 국민들에게 있어 검찰의 세계로 들어가는 문턱은 여전히 높기만 하다.

검찰은 한 해에 비리혐의로 사법처리 되는 검사가 채 5명도 안 된다. 그에 비해 검찰이 한 해에 구속수감하는 경찰관은 10배도 더 되었다. 거기에 더해 경찰 자체 내부에서 수사를 통해 구속, 입건한 경찰관은 더 많다. 구속, 처벌 또는 징계를 받은 경찰관 중에 대다수가 수사업무에 종사하는 경찰관이다. 한편 경찰은 지휘를 두 군데에서 받아야 한다. 하나는 경찰 자체 내부에서, 또 하나는 검찰을 통해 지휘를 받아야 한다. 검찰에 송치를 한 후에도 검찰에서 수사기록을 반려해서 보강수사를 하라는 지휘를 하라고 한다.

수사한 내용을 전산에 입력하고 또 출력해서 기록을 만들어 경찰과 검찰에 가서 지휘를 받아야 한다. 경찰에서 수사를 받은 사람은 검찰에 사건기록이 송치되면 또다시 검찰에 불려 가서 조사를 받아야 한다.

하나의 내용을 가지고 두 번씩이나 경찰과 검찰에 불려 가서 조사를 받는 경우가 많다. 검찰청에 수사를 해달라고 고소, 고발장을 접수해도 검찰은 경찰에 고소, 고발장을 내려, 자신이

하여야 할 일을 경찰에 시키기도 한다. 그러다 보니 검찰청에 고소한 사람이 자신은 검찰에 고소를 했는데 왜 경찰에서 수사를 하느냐고 항의하기도 한다. 그러한 항의를 묵묵히 다 받아내야 하는 것이 현실이다.

최근에는 오프라인 못지않게 온라인상의 범죄율도 높은 편이다. 인터넷, 모바일상 각종 사기, 명예훼손 등 고소, 고발이 난무한다. 법원에 민사소송을 통해 해결할 사안도 비용, 시간 부담 때문에 형사고소를 통해 해결하려고 한다. 왜냐하면 형사고소를 하면 비용도 안 들고 도주한 채무자의 소재도 경찰이 찾아주고 수배까지 시켜주기 때문이다. 그러다 보니 민사사건의 형사사건화가 되고 이 과정에서 부당하게 조사를 받아야 하는 피고소인 등 사건관련자들의 정신적, 물질적 부담도 크다. 때로는 구속을 통해 형사합의를 유도하는 경우도 있다. 민사사건화 하면 증거수집의 입증책임을 사건당사자인 개인이 부담해야 하는 반면에 형사고소화를 하면 국가기관인 경찰에서 무상으로 해주기 때문이다. 거기에다가 수사의 공정성을 위해 수사의 신청제도, 기피회피 제도까지 생겨나니 수사여건은 더욱 힘들고 어려워졌다.

범죄는 조직 · 광역 · 지능화되어 간다. 범죄자들은 서로의 정보를 공유하고 지능화하면서 점차 광역화되어 가고 있다. 그에 비해 수사는 협력수준이 낮은 편이다. 각자 맡은 지역관할을 내세우면서 정보공유도 좀체 하지 않고 공조협력도 잘되지 않는다. 검찰은 경찰을 지휘감독만 하려고 할 뿐이다. 협력하거나 정보를 공유할 줄 모른다. 교육도 기관별로 제각각 하고 일부 교육내용을 보면 경찰과 검찰이 서로 불신하면서 책임을 떠넘 기려는 모습도 보인다.

세월호 유병언 사건의 경우를 보자. 이 사건의 경우 수사관할 책임은 인천지방검찰청 검사장이 맡고, 인천지방경찰청이 부차 적인 책임을 맡았다. 필자는 책임 분할을 왜 이렇게 했는지 이 해가 되지 않았다. 유병언이 은신하고 있었던 곳은 안성 금수 원이다. 유병언은 전국을 누비고 다녔는데 인천지방검찰청에서 과연 수사총괄지휘를 할 수 있을까 하는 생각이 들었다. 아니나 다를까 공명심에 사로잡혀 수사정보를 공유하지 않다 보니 유병 언 검거에 실패하고 말았다.

조희팔 사건 등 수사는 광역화되어 가고 있다. 그러나 경찰과 검찰의 수사는 서로 공조협력을 할 생각보다는 따로국밥처럼 제 각각이다. 수사책임을 서로에게 떠넘기기까지 한다. 수사장비 와 시스템 운영도 중복적으로 운영하고, 예산낭비도 많다. 예컨 대 유전자분석실의 경우 국립과학수사연구원이 있음에도 불구 하고 검찰에서 별도로 유전자분석실을 운영하고 인력과 장비, 데이터베이스를 구축하여 인력, 예산의 낭비를 초래하고 있는 상황이다. 이중적인 유전자데이터베이스 구축·운영으로 수사 의 효율성을 저해하기도 했다.

사이버수사의 경우 역시 경찰, 검찰이 제각각 인케이스라는 외국산 소프트웨어를 별도로 구매, 포렌식센터를 구축·운영함으로써 예산낭비를 초래하기도 했다. 마약수사의 경우에도 대검찰청이 마약수사를 독점하려고 하여 마약수사관련 정보공유도 제대로 이루어지지 않았다. 마약사범들은 서로의 자료와 정보를 공유하는 데 비해 경찰과 검찰은 아니었다. 자료공유는커녕 수사를 불신했다. 마약사범들은 이러한 허점을 이용하여 베테랑 경찰수사관을 검찰에 허위제보했다. 그 결과 경찰수사관이 무고하게 구속되는 경우도 있었다.

형사사법정보망이라는 경찰사건 입수단계부터 검찰, 법원, 법무부교정행정까지 전 과정을 전산화하여 재판기록 없는 시스템을 만들어놓고도 이에 대한 운영권을 대검찰청이 독점하였다. 그로써 정보공유보다는 독점차원에서 접근, 사건정보의 빅데이터 활용을 통한 수사의 효율성 도모와는 거리가 먼 정책을 전개하기도 했다.

수사권 조정의 핵심은 경찰의 독자적인 수사권을 보장하고, 검찰의 본연 기능인 공소유지에 충실하자는 것이다. 그럼으로써 국민들에게 수사의 공정성과 효율성, 신속성을 도모하자는 취지인 것으로 알고 있다. 그렇다면 경찰, 검찰의 수사권 조정은 이러한 기본원칙에서 출발하여야 한다. 그리고 경찰, 검찰, 법무부개혁위원회 위원들은 자신들이 생각하는 이론적 주장만 내세우기보다는 필자가 위에서 언급한 수사의 현실을 진단하고 국민과 수사실제업무에 종사하는 직원들이 바라는 수사의 모습이 무엇인지에 대해 여론에 경청을 하여야 한다는 것이다.

현장에 나가서 인터뷰도 해보고 때로는 경찰, 검찰수사로 인해 부당, 무고하게 사법처리된 사람의 의견도 들어볼 필요가 있다. 또한 수사의 성공사례보다는 실패사례를 분석하고, 왜 이러한 결과가 나오게 되었는지 현장의 목소리를 경청할 필요가 있다. 그러한 현장진단에 많은 시간을 투자해야 한다. 진단을 통해 문제점과 개선방안을 제시할 필요가 있다.

경찰의 경우 수사업무가 경찰 내 3D업종이라고 인식해야 한다. 경찰관들이 수사업무를 왜 기피하는지, 젊은 직원들이 정보, 외사, 경비부서로 왜 몰려가는지에 대한 현실을 직시할 필요가 있다.

지구대 파출소의 경우 임의동행, 현행범 체포를 하면서 사건처리를 제대로 하고 있는지, 형사당직 팀은 사건을 인계하여 제대로 조사를 하는지에 대한 조사를 할 필요가 있다. 실적과 민원 야기 우려에 얽매여 무분별한 입건을 하지는 않는지, 경찰 자체 내에 사건기록 분석 검토과정을 제대로 거치고 있는지에 대한 진단을 할 필요가 있다.

수사는 경찰의 꽃이다. 수사는 소환, 입건, 체포, 구속, 압수수색이라는 물리력을 행사할 수 있는 무서운 권한이라는 사실을 인식할 필요가 있다. 검찰 역시 검찰 고위직에 오르기 위해 특수부, 공안부, 기획부서에 근무하기를 원하는 반면 경찰송치사건을 분석하는 형사부를 기피하는 현실을 직시할 필요가 있다. 검찰의 기본 업무인 공판정의 공소유지검사가 사건기록도 제대로 보지 않고 한직이라고 생각하고 부실하게 공소유지를 하는 경우도 종종 보아왔다. 아울러 수사활동비 등 독자적인 수당의 현실화도 추진할 필요가 있다. 수사본부가 차려지면 수사형사들은 집에도 들어가지 못하고 밤을 새워가면서 잠복과 탐문, 출장수사에 전력을 기울이게 된다. 그러다보면 승진을 위한 시험공부는커녕 자기관리도 제대로 할 수 없다.

실적을 승진에 반영하다 보니 수사본부, 전담반에 편입되면 다른 사건을 해결하지 못해 자신은 물론 해당 과, 팀의 실적관리도 못 하게 된다. 그러다 보면 수사에 소홀해지기 쉽고 이는 곧 사건미해결로 이어지곤 한다. 그렇기 때문에 수사하는 사람들은 다른 경찰업무를 하는 사람들에 비해 독자적인 인사시스템 편성이 필요한 것이다.

필자는 경찰재직 중 과학수사요원이 폐암, 간암으로 사망하면서도 순직처리를 받지 못하는 현실을 보았다. 당직근무를 하면서 창문이 없는 매캐한 숙직실과 오염된 변사체 현장에서 사건의 실마리를 찾기 위해 지문분말을 입으로 맡아가면서 감식을 하는 직원들을 보면서 수사관의 복지와 건강문제도 시급한 개선이 필요하다는 것을 느꼈다. 그러면서 한편으로는 악성민원인을 만나 모함에 빠진 나머지 징계, 사법처리되는 직원들도 보았다. 필자의 바람은 그러한 직원들을 위해 업무를 개선하고 변론을 해주는 것이다. 필자같이 사법시험에 합격, 경정으로 특채되어 혜택을 입은 사람들이 변호사를 할 경우 억울한 경찰관들을 위해 변호인단을 구성, 무료변론을 해주는 것이다.

많은 사람들, 특히 지휘관들은 이렇게 외친다. '우문현답'이라고. 우리의 문제는 현장에 답이 있다는 뜻이다. 지금 경찰, 검찰 수사구조개혁의 방향은 현장에 답이 있다. 지금이라도 늦지 않았다. 경찰, 검찰, 법무부 개혁위원회 위원들이 사건현장에 나가서 수사관과 관련 사건관계인의 이야기, 나아가 구치소, 교도소, 소년원에 수감된 사람들의 이야기를 경청할 필요가 있다. 그들의 이야기에 해답이 있을 것이다.

너 고소!
– 대한민국 고소, 고발이 많은 이유

대한민국은 고소, 고발이 많은 나라다. 이웃나라 일본에 비해 몇 십 배 이상 많다고 한다. 인터넷, 모바일 등을 통한 범죄가 급증하다 보니 더더욱 늘어날 것이다. 이에 편승해 수사를 해야 하는 경찰, 검찰의 숫자도 늘어나고, 판결을 하는 법관도 늘어날 것이다.

고소, 고발 중에는 민사성 고소, 고발도 많다. 돈을 빌려주었는데 갚지 않고 도망간 경우도 많고, 물건을 보내주었는데 돈을 주지 않는 경우도 많다. 돈을 받는 게 목적이니 법원에 민사소송을 제기하라고 고소장 자체를 반려하는 경우도 있다.

그럼에도 불구하고 고소인들은 경찰, 검찰에서 고소사건을 처리해 주기를 바란다. 심지어 단순 차용금 미변제 사건도 차용금 편취 사건으로 둔갑하여 경찰, 검찰에 고소를 제기한다. 경찰에서 고소장을 반려해도 검찰에서 수사를 직접 해달라고 검찰에 제출한다.

그럼에도 불구하고 검찰은 수사지휘라는 명목으로 경찰에 고소장을 내려보낸다. 고소 민원인은 검찰에 고소장을 제출했는데 왜 검찰이 수사하지 않고 경찰에서 수사하느냐고 민원을 제기하기도 한다. 이렇게 민사성 고소사건이 많은 데는 원인이 있다. 법원에 제기하려고 해도 피고(예컨대 돈 떼먹고 도주한 사람)의 주소지나 연락처를 잘 모른다. 청구금액인 돈의 액수에 따라 인지대의 금액이 비례하여 돈이 없으면 소송도 못 한다. 피고가 여러 가지 이유를 들어 출석을 기피하고 항소, 상고 등으로 시간을 끌고 그 기간 동안 재산을 빼돌리면 판결문을 받아도 집행이 안 돼 휴지조각에 불과하다.

변호사를 선임해도 변호사 비용을 공제하면 승소해도 남는 것이 없다. 소송을 제기한 당사자가 대부분 입증책임을 지녀 증거가 없으면 승소하기도 어렵다. 그래서 돈도 안 들고 증거도 수집해 주고, 피고 소재지도 찾아주는 경찰, 검찰의 고소를 선호한다. 더구나 형사사건의 경우 수사관이 사실 규명 차원에서 증거를 수집해 줄 수 있기 때문이다.

피고소인의 소재지도 경찰이 찾아주고 정당한 이유 없이 출석을 기피하고 안 나오면 수배까지 시켜준다. 어찌 보면 경찰이 국민이 할 수 있는 서비스 중에서 중요한 부분을 차지한다. 그럼에도 불구하고 예전의 민사성 고소사건은 반려하라는 지시가 있었다. 고소인을 설득하여 반려하면 성과평가에 반영도 해주었다. 그런데 문제는 경찰이 반려한 고소장을 다시 검찰에 접수시켜 검찰에서 내려온다는 사실이다. 그럴 바에야 반려하지 말고 접수하여 조사를 하는 것이 좋다. 민사성 고소사건은 무혐의 처분이 나면 고소인을 무고죄로 입건하는 것을 검토, 고소를 신중히 하여야 한다는 이야기도 있다. 그런데 우리나라에서 무고죄로 입건되는 고소인이 많지 않다.

고소인의 고소 제기 목적은 피고소인에 대한 처벌도 있지만 경찰과 검찰에서 피해 배상을 받을 수 있도록 중재조정해 달라는 의미도 있다. 우리나라에는 서민들의 각종 분쟁, 조정, 갈등에 대한 중재조정 기관이 없기 때문이다. 갈등 문제를 형사 사건화하여 경찰, 검찰에서 중재조정을 해주기를 바란다. 특히 사회적 약자층의 경우에는 가해자에 대한 처벌보다는 피해 배상을 경찰에서 중재조정을 해주기를 바란다. 그렇게 해주면 변호사 비용, 감정비용, 증거수집 비용 등 많은 비용을 들이지 않고 갈등이 해소될 것이라고 생각한다.

요즘에는 인터넷, 모바일을 통한 명예훼손, 모욕 등의 고소, 진정도 많다. 이들 사건의 경우에는 처벌에 비해 수사비용이 훨씬 많이 든다. 주로 벌금형, 기소유예 등으로 처벌되는 것에 비해 출장비 등 수사비와 인력이 많이 든다. 한편 대한민국 법령 규정을 보면 획일적으로 모든 법률에 형벌이 있다. 양벌 규정의 경우에는 기업체도 처벌이 된다. 처벌 규정으로 형벌을 규정해 놓아야 법 집행력이 담보된다고 믿기 때문인 것 같다.

국민들이 알지 못하는 행정 법규 위반인 경우 지자체 등 각 기관에서 고발을 한다. 기관 감찰조사 결과 혐의를 밝혀내지 못하는 경우에도 또다시 수사의뢰를 한다. 내부 조직에서 불이익을 받으면 내부 고발자도 많아진다.

심지어 신고보상금을 노린 파파라치 학원도 성업 중이다. 과거 학원비 등 사교육비용이 높아지자 정부는 불법 과외 단속을 빌미로 신고보상금을 대폭 늘렸다. 신고보상금 고발을 확산시켜 문제를 해결하려고 하니 사회와 조직 간의 불신과 감시 풍토가 조장된다. 이런 사회나 나라는 결코 좋은 나라가 아니다. 방송, 신문 보도에 매일 경찰, 검찰의 수사가 등장하고 체포, 검거, 압수수색의 모습이 등장하는 나라는 결코 좋은 나라가 아니다. 경찰, 검찰이 많아지고 법관이 늘어나고 구치소, 교도소가 과밀화되는 현상은 우리가 원하는 나라가 아니다. 로스쿨 지원자가 많아지고 검사를 선호하고 인력이 늘어나는 나라는 바람직하지 않다.

우리나라가 사기공화국인 이유

– 유사수신사기사건 수사로 본 수사와 재판의 문제점

    고수익 보장 유혹광고에 넘어가 투자를 하게 되었다. 투자자를 추가로 모집해 오면 수당도 주겠다는 말에 더 혹해서 친인척, 지인까지 끌어들였다. 처음 몇 번은 약속한 대로 수익금이 들어왔다. 그런데 차츰 약속한 수익금은커녕 원금도 보전 받지 못했다. 알고 보니 회원 돌려막기 식으로 투자자를 모집하고 돈은 자신이 챙긴 것이다. 경찰에 고소를 하니 사기사건이라 경제팀에 배당된다. 피해자가 많으니 서로 사건을 맡지 않으려고 한다. 피해자의 주소가 다르니 사건을 병합(합침)해야 되는데 서로 병합을 받지 않으려고 한다.

    피해자들은 사기범의 검거, 구속과 함께 피해회복을 해달라고 요청한다. 그런데 피해회복은 민사사건이라 형사문제와 별

개라고 한다. 사기범은 유사수신행위업(당국의 허가를 받지 않았음)은 인정하지만 사기혐의는 부인한다. 자신도 투자한 돈을 다른 사기범에게 속아 당했다고 변소한다. 조금만 참으면 고수익 보장이 가능한데 고소하는 바람에 수익환원이 단절되어 피해자가 많이 생겨났다고 변소한다. 나아가 사기피해자들도 고수익 고위험을 감수하고 투자했으니 자신에게 기만당했다고 볼 수만은 없다고 한다.

투자한 돈의 계좌추적이 필수인데 시간이 오래 걸린다. 그사이에 사기범은 돈을 다른 사람에게 빼돌리거나 다른 곳에 투자해 재산을 은닉한다. 어떤 경우는 돈이 없으니 구치소, 교도소에 가서 몸으로 때우겠다고 한다. 교도소에 수감되면 공짜숙식 제공으로 국민 세금이 들어간다. 출소해도 피해금액을 배상할 책임도 없고 수사 당국에서 추적도 안 한다.

일부 피해자들에게 추가로 자신을 고소하면 오히려 약속한 돈을 안 주겠다고 하면서 고소를 막기도 한다. 일부 피해자들은 오히려 가해자가 구속되면 투자금을 못 받을까 봐 고소를 하지 않고 구속시키지 말아 달라는 탄원서도 제출한다.

다단계 조직이다 보니 피해자이면서 가해자이기도 하다. 검찰에 송치되면 검사들도 사건을 배당받지 않으려고 한다. 피해자가 많고 계좌추적, 통신수사 등 수사할 사항도 많고 사건기록도 복잡하고 많기 때문이다. 검사들도 특수부 등의 사회적 이목 집중사건 및 생색내기와 승진 등에 도움이 되는 수사만 선호할 뿐 피해자가 많고 복잡한 유사수신사기 고소사건은 서로 피하려고 한다. 압수수색신청도 소명자료가 부족하다면서 되돌려 보내기도 한다. 어떤 경우에는 사건기록을 분리해서 송치해 달라고도 한다.

일부 사건의 경우 공소장 자체가 범죄사실이 불특정하고 피해금액과 피해자를 제대로 특정하지 못한 경우도 있다. 그러한 가운데 피해자가 요구하는 가해자의 은닉재산추적, 피해회복은 제대로 이루어지지 않는다. 기소되어도 법원에서도 마찬가지다.

피해자의 돈을 어떻게 했는지, 어떤 곳에 숨겼는지에 대한 추적 입증이 제대로 이루어지지 않는다. 피해자들의 배상명령신청도 기각된다. 재판정에서는 다수 피해자의 원망과 울음소리로 소란스러운 경우도 있다.

어떤 가해자는 유명로펌의 변호사를 선임하면서 피해자에게 반환할 돈은 없다고 발뺌을 하니 법정에서 피해자들의 원망 섞인 고함소리만 들린다. 범죄수익 은닉규제법상에 유사수신행위의 경우 대상범죄에 포함되지 않아 은닉재산 추적수사가 제대로 이루어지지 않는다. 어떤 경우에는 피해자들 간에 재산 다툼으로 송사에 휘말리는 경우도 있다.

유사수신행위가 당국의 허가 사항이라고 하지만 도대체 어느 기관에서 담당하는지조차 모른다. 고수익에는 고위험이 따른다는 것을 제대로 알지 못한다. 일부 피해자는 나중에 가해자가 되고 가해자가 또 다른 범죄자를 끌어들이면서 범죄가 학습되니 재범률도 높다. 경제가 안 좋을수록 이런 사기는 더욱 성행한다.

피해자들을 보면 서민들이 많다. 조희팔 사건 등 희대의 사기 사건들이 다단계 유사수신행위에 속아 넘어가 발생한 것이다. 중국 등 해외로 도피하는데도 출국금지 조치도 제대로 이루어지지 않는다. 처벌형량도 낮다. 그러다 보니 몸으로 때우고 출소 후 은닉한 재산을 찾아 또다시 유사수신사기 행위를 하기도 한다.

일반인이 상습사기범들에 대해 개인정보보호라는 이유로 범죄경력조회도 할 수 없으니 사기피해자들만 속출한다. 어찌 보면 우리나라는 범죄자들에게는 개인정보보호의 천국이 되기도 한다. 국가가 독점한 범죄자정보가 개인정보보호라는 이유로 선량한 서민들에게 제공되지 않으니 사기범들의 천국이 된다.

사기범들에 관대하고 사기범 추적수사에 소극적이고 피해회복에도 적극적으로 나서지 않는다. 수배만 시킬 뿐 추적수사에는 인력부족을 이유로 소극적이다. 경찰 공개수배자 명단에 강력범죄자만 많을 뿐 사기수배범은 적다. 출소 후에도 피해회복이 될 수 있도록 끈질긴 자금추적이 이루어져야 하는데도 말이다.

피해회복은 민사소송으로 하라고 하면 증거확보에 어려움이 많고 인지대, 송달료, 변호사선임비용도 많이 든다. 재판에 이겨도 은닉재산을 알지 못해 집행할 재산을 알아내지 못하면 판결문은 휴지조각에 불과하다.

법원의 문턱은 높으니 민사성 사기고소사건이 형사고소로 이어진다. 형사고소를 해도 수사관이 증거수집과 추적수사를 제대로 해주지 않는다. 오히려 입증책임을 고소인에게 떠넘기기도 한다. 검찰에 고소를 제기하면 경찰에 내려 보내고 피고소인 연락처도 몰라서 고소인 관할주거지 경찰서로 고소를 제기했는데 때로는 사건관할이 없다면서 사건처리를 미루기도 한다. 그러한 가운데 사기피해자와 가해자만 양산된다. 사기죄는 재산적 피해 못지않게 정신적 피해로 이어지고 사기피해자는 다시 가해자가 될 수 있다는 사실도 알아야 한다. 사기죄의 고소가 많고 발생이 많으면 그만큼 신용사회로의 길은 멀기만 하다.

이름만 들어도 벌벌 떨리는 곳

– 왜 사람들은
경찰·검찰·법원 가는 것을 두려워할까?

서울 서초동에서 가장 높은 곳에 위치한 건물이 바로 대법원, 대검찰청, 중앙지방검찰청, 법원이다. 그런데 사람들은 그곳에 가기 싫어한다. 아니 평생 한 번도 가지 않았으면 한다. 이 기관들이 제아무리 친절, 신속, 공정성을 외쳐도 국민들은 가기 싫어한다. 아니 경찰, 검사, 법원에서 출석을 요청하는 전화나 문서가 오면 겁부터 내곤 한다.

잘못한 것도 없는데 왜 부르지 하고 의문부터 갖는다. 출석을 요구한 법원 관계자는 왜 부르는지, 조사(출석)시간을 변경할 수 있는지에 대한 설명도 제대로 해주지 않는다. 오늘 전화가 와서 내일 출석하라고 한다. 출석하면서 피의자신분으로 조사한다고 한다. 생계문제로 일이 있어 조사일정 연기를 요청하면 안 된다고 한다. 출석예정자는 수사관에게 잘못 보이면 불이익을 받지 않을까 싶은 걱정부터 한다. 그런 마음에 하는 수 없이 수사관이 일방적으로 지정한 날짜에 맞춰 나간다.

그뿐만이 아니다. 조사예정시간도 수사관의 마음대로 정한다. 아침 일찍 나와서 그다음 날 새벽까지 조사하고 아침에 귀가하는 경우도 있다. 그것도 10여 년이 지난 과거의 일을 가지고 캐묻기까지 한다. 기억이 나지 않는다고 하면 왜 그것도 기억하지 못하냐면서 다그친다. 시간이 오래되어 기억이 잘 나지 않는 것이 당연한데도 말이다.

어떤 경우에는 수사관이 일방적으로 자신의 생각을 조사받는 사람에게 강요하는 경우도 있다. 나는 이렇게 생각하는데 당신의 의견은 어떠냐고 묻는다. 만일 조사받는 자가 수사관의 생각과 다르다고 대답하면 수사관은 상대가 거짓말을 한다며 몰아세운다.

수사관 자신의 생각에 몰입되어 선입견을 가지고 범죄자처럼 몰아친다. 어떤 경우에는 젊은 수사관이 자신의 수사경력을 자랑하면서 반말을 하기도 한다. 때로는 수사내용과 전혀 관련이 없는 내용도 질문한다. 조사받는 사람의 자존심을 건드리는 질문도 한다. 그런 식의 조사는 사전에 짜 맞추기 식의 조사임이 틀림없다. 반박이라도 하고 싶지만 만일 그렇게 하다간 수사관이 속칭 수사보고서에 부정적인 내용의 수사의견을 기재할까 봐 가슴앓이만 한다.

어떤 경우에는 수사관이 수사내용도 제대로 알지 못하면서 질문을 한다. 사건기록도 전혀 파악하지도 않고 질문한다. 질문 내용을 이해하지 못해 질문을 하면 묻는 말에만 답변하라고 다그친다. 왜 경찰서에 왔느냐, 계속해서 답변하라, 사건경위는 무엇이냐는 식으로 사건에 대한 파악이 전혀 되어있지 않은 상태에서 심문한다.

어떤 수사관은 답변내용을 제대로 기재하지도 않는다. 조사받는 사람이 답변을 길게 하면 자신이 일방적으로 생각한 답변을 기재하기도 한다. 조사가 끝난 후 조서내용을 확인하다가 잘못된 부분을 많이 고치면 눈을 부릅뜨고 노려보기까지 한다.

점심시간, 휴식시간도 주지 않고 장시간 조사하기도 한다. 수사관 자신은 건강과 체력에 자신이 있으니 새벽까지 조사할 수 있다고 뽐내기도 한다. 조사초기에는 사건과 무관한 개인의 신상을 물으면서 지치게 한 후 본론으로 들어가는 경우도 있다.

조사받는 사람의 자존심을 건드리면서 조사를 하는 경우도 있다. 아직도 자백은 증거의 왕이라는 생각으로 자신이 생각한 범죄사실을 인정하라고 다그치기도 한다. 현장에 나가서 사실을 확인하고 조사받는 사람의 말을 경청해 주고 확인해 주어야 하는데 그렇지 않다. 억울하면 변호사를 선임하거나 심지어 검찰, 법원에 가서 말을 하라고 한다. 이로 인해 조사 후 자살하거나 자살을 기도하는 경우도 종종 있다.

이런 식의 부당한 수사과정이 이루어지고 있음에도 관련수사관들은 발뺌한다. 조사과정에서 변호사도 참여했고, 진술과정도 녹화했다고, 고문은 없었다고 한다. 그러나 고문은 물리적인 폭력만을 말하는 것이 아니다. 사람의 마음, 자존심을 여지없이 깔아뭉개는 심문도 일종의 고문이다.

조사받는 사람이 아무리 자신의 결백을 주장하고 증거를 제시해도 거짓이라고 단정하고 확인하려고 하지 않는다. 이것 역시 조사받는 이에게 마음의 상처로 돌아온다. 오히려 자신의 결백을 입증하라고 다그치기도 한다. 헌법과 형사소송법상 법원에서 유죄 확정판결이 선고될 때까지는 무죄이지만 현장은 그렇지 않다. 유죄추정의 원칙이다.

어떤 경우에는 무조건 피해자의 말만 맹신한다. 현장에 피해자와 가해자만 있고 진술이 상반된 경우 현장에 나가 피해자와 가해자가 있는 상황에서 진술을 토대로 현장재연과 확인(검증)을 하여야 하는데 하지 않는다.

피해자의 주장을 배척하면 피해자에게 편파불공정수사라는 민원을 제기 받아 감찰에서 조사를 받아야 되기 때문에 피해자 말을 맹신하기도 한다. 가해자에게 자신의 결백을 입증하라고 한다. 아니 어떤 경우에는 피해자에게 가해자로부터 피해를 입었다는 사실에 대한 증거를 입증하라고 한다. 입증책임은 수사기관에 있는데도 말이다. 특히 사기고소사건은 더더욱 그렇다. 빈번히 발생하는 교통사고의 경우 현장에서 당사자들에게 좋게 합의 보라고 권유하기도 한다. 과실여부에 대한 조사보다는 합의하는 것이 좋다고 한다.

최근 사회문제화 되고 있는 가정폭력, 청소년사건의 경우도 마찬가지다. 피해도 경미하니 구속될 수 없다고, 그저 가정 내에서 자체적으로 처리하라고 한다. 가정폭력사범의 경우 현행범 체포한다고 하지만 과연 체포 후 구속영장을 신청할 수 있을까.

가정보호사건, 소년보호사건으로 처리해도 법원판결, 결정까지 가려면 1년이 넘게 걸리는 경우도 있다. 그 사이 재범을 저지르거나 신고를 했다고 신고자를 상대로 보복하기도 한다. 신변보호, 접근금지조치를 해준다고 하지만 그것이 제대로 지켜지는지 감시보호할 인력과 시스템이 없다.

사기고소사건은 가해자가 은닉한 재산을 찾아주어야 하는데 이런 노력은 제대로 하지 않는다. 그것은 민사문제이기 때문에 민사소송으로 해결하라고 한다. 인지대, 송달료, 변호사비용이 들어 경제적인 부담이 된다. 아니 사기범이 은닉한 재산이 어디에 있는지 피해자들로서는 알 길이 없다. 그래서 돈 떼먹고 도망간 사람에 대해 고소를 제기하면 그런 것은 소액이고 민사문제이니 법원에 가서 민사소송을 제기하라고 한다. 법원에 가려면 가해자의 소재지와 인적사항을 알아야 하는데 모르는 경우가 많은데도 말이다. 가해자의 인적사항과 소재지를 알려면 결국 수사기관에 고소할 수밖에 없는데도 말이다. 고소를 해도 가해자의 소재가 파악되지 않으면 결국 기소중지(수배)를 한다. 수배를 하면 열심히 잡아주어야 하는데 잘 잡아주지 않는다. 처리할 사건이 많기 때문이라고 한다.

한편 억울한 사람도 많다. 유죄로 기소되었다가 무죄로 풀려난 사람도 있다. 고소되어 장기간 조사받았다가 무혐의로 나온 사람도 있다. 경찰에서 구속기소의견으로 송치되었다가 검찰에서 무혐의 석방된 사람도 있다. 익산 오거리 사건처럼 대법원까지 유죄로 확정, 주어진 형기를 다 살고 출소 후 진범이 잡힌 경우도 있다. 이런 사건들의 경우 어떻게 보상받을 수 있을까. 형사보상제도가 있지만 무혐의 처분 받은 사람들까지 보상은 해주지 않는다. 억울한 사람뿐 아니라 주변 친인척들의 정신적 피해까지 보상해 주지 않는다.

그럼에도 불구하고 이런 수사와 재판을 책임지는 사람이 없다. 피해자와 유족들에게 정중한 사과와 배상이 필요한데도 말이다. 그 당시에는 어쩔 수 없었다는 식으로 발뺌하기에 급급하다.

현재의 수사방식은 서류중심의 조서작성수사가 대부분이다. 실제 현장에 잘 나가려고 하지 않을 뿐더러 사건 현장보존조차 제대로 이루어지지 않고 있다. 그저 폴리스라인 테이프만 붙여두고 끝날 뿐이다.

문답식 조사방식은 시간도 많이 걸린다. 10시간이 넘는 심야·철야조사는 부끄러운 현실이다. 나아가 진술녹화실 조사도 환기가 제대로 되지 않는 곳에서 장시간 이루어지는데 효과가 과연 있을까? 아니 진술녹화테이프가 법정에서 증거로 채택되어 재연되는 경우가 과연 있을까?

현장검증은 살인 등 강력사건, 교통사고만 대상으로 하지 않는다. 모든 사건에는 사건이 발생한 현장이 다 있는 법이다. 현장을 잘 보존하고 현장재현을 제대로 해야 한다. 조사도 현장에서 이루어져야 한다.

법원에서의 증거조사방식도 바뀌어야 한다. 조서중심의 증거조사방식에서 과감히 탈피, 현장검증을 통한 증거조사방식으로 바뀌어야 한다. 증거에 대한 상호 간의 반박이 있어야 한다. 현장재연을 위한 현장검증도 자주 있어야 한다. 사건의 열쇠는 법정, 검사실, 조사실이 아닌 현장에 있기 때문이다.

대한민국에도 탐정이 필요하다!

– 탐정법(민간인조사법) 국회통과를 하려면

몇 년 전부터 경찰은 탐정제도 도입관련 법적근거를 마련하기 위한 법령제정을 추진하였다. 학계와 민간협회와 함께 여러 차례에 걸쳐 국회에서 공청회도 개최하였다. 그 결과 국회의원 발의로 법 제정안도 마련하였다. 그럼에도 불구하고 몇 년째 법안은 국회심의조차 제대로 이루어지지 않고 있다. 경찰청 차원에서 정부입법추진을 시도하고 있지만 차관회의, 국무회의 추진단계에서 법무부 등의 반대로 안건조차 만들지 못하고 있다. 문재인 대통령도 대선공약으로 포함시켰지만 공염불에 불과한 실정이다. 퇴직경찰관 중에 한 분이 탐정명칭 사용불허관련 현행법령조항에 대해 헌법소원을 제기했지만 그것조차 불허되었다. 변호사협회에서도 탐정제도 도입 시 불법사생활도청 등의 우려를 표하면서 반대했다고 한다.

미국은 말할 것도 없고 이웃나라 일본도 마찬가지다. 탐정제도의 필요성에는 모두 공감을 표시한다. 변호사와 경찰경험을 다 해본 필자의 입장에서는 탐정의 합법화를 제도권 내에 포함시켜야 한다고 생각한다. 고소·고발 등 수사와 관련하여 실제 경찰 등 수사기관에서 유죄증거수집책임이 있지만, 실제로는 고소·고발인 등에게 증거수집의 책임을 미루는 실정이다.

피고소인, 피고발인의 경우에도 자신의 무고함을 입증하기 위해 자신들이 직접 증거를 수집해야 한다. 변호사를 찾아가면 변호사도 의뢰인(당사자)에게 증거를 가져오라고 한다. 증거가 어디에 있는지, 증거수집을 어떻게 하여야 하는지 등에 대해 적극적으로 나오지 않는다. 아니 변호사도 증거수집방법과 분석 등에 관해 실무경험이 없기 때문이기도 하다. 증거수집까지 부탁하면 돈이 많이 들어간다. 그러니 서민들의 입장에서는 부득이 개인심부름센터 등을 찾아가거나 불법사설탐정업체의 유혹에 넘어가는 경우가 많다. 그런데 이와 관련한 법령의 부재로 이들에 대한 실태파악조차 되지 않고 있다. 각종 기업체채용, 인사과정에서 불법행위경력 여부확인조사를 하려면 형사고소 등을 하지 않고서는 불가능하다. 각종 상거래에 있어서도, 신용도 확인조사에서도 마찬가지다. 나아가 결혼에 있어서 결혼할 배우자에 대한 혼인경력여부 등에 대해서는 확인할 방법이 없다.

조희팔사건 등 다단계판매사범으로 피해를 입은 사람들의 경우에 재산소재파악과 관련하여 형사와 민사절차를 거치지 않고서는 확인할 방법도 없다. 피해 입증 역시 피해자들이 해야 한다. 미아실종, 치매노인 소재파악, 성인가출, 실종자찾기 수색도 마찬가지다. 경찰에 의뢰를 해도 인력부족 등으로 제대로 해주지 않는다. 특히 인터넷·모바일을 통한 전문자료수집과 분석에 관해선 수사기관이 민간기관을 따라가기가 쉽지 않다. 그렇기 때문에 민간조사업(탐정)의 필요성은 모두들 공감하고 있다.

문제는 탐정의 운영과 감독을 어떤 기관에서 담당하는가에 있다. 경찰은 업무의 특성상 경찰청 산하관리감독에 들어가야 한다고 하고, 법무부는 경찰과 탐정과의 불법유착을 이유로 법무부, 검찰로 이관하여야 한다고 주장한다. 감독기관 소재문제로 탐정제도 시행이 보류될 이유는 없다고 생각한다. 감독기관을 법무부, 검찰에 두어도 좋다고 생각한다.

대한변호사협회에서 반대한다면 탐정의 감독기관을 변호사협회에서 하도록 해도 무방하다고 생각한다. 필자생각에는 법무부, 검찰청, 대한변호사협회에 감독을 하도록 맡겨도 아마 제대로 하기가 어려울 것이다. 결국 경찰에 위탁하거나 할 것이다. 그렇다면 굳이 경찰입장에서 탐정제 감독기관을 이유로 시행보류를 할 필요가 없다. 아니면 경찰청, 행정안전부, 법무부, 검찰청, 대한변호사협회와 공동으로 관리감독 하도록 하면 된다. 현재 행정사라는 제도가 탐정(민간조사업)의 역할을 하고 있다. 행정사의 업무영역 중 사실확인조사업무라는 영역을 확대하여 사실상 탐정조사업무를 수행하고 있다. 그렇다면 굳이 탐정제 시행을 보류할 필요가 없다.

탐정제도를 불허한다고 하여 불법심부름센터, 사설탐정업 등 사생활침해사범이 사라질 수 있을까? CCTV, 모바일 등을 통해 감시사회가 되어가고 있는 시점에서 탐정제도를 불허한다고 하여 불법사생활침해사범이 근절될 수는 없다. 오히려 양성화함으로써 경찰, 검찰 등 국가기관이 인력상 할 수 없는 업무를 민간에 위탁하여 협조·공유하도록 하면 된다. 그리고 국가기관에 등록, 신고, 허가제를 통해 양성화시키면 불법을 차단하고 오히려 수사업무에 도움이 될 수 있다. 아울러 저렴한 비용하에 양질의 용역서비스를 받을 수 있다.

영화와 드라마에 단골로 등장하는 탐정이 오히려 국민들에게 친숙한 고민해결업무 역할을 할 수도 있다. 아울러 퇴직경찰관, 검찰수사관 나아가 언론사 기자들에게 좋은 일자리도 제공해 줄 수 있다. 다만 탐정의 규모에 따라 법인제 도입을 통해 허가, 등록, 신고제 등으로 차별적으로 운영할 수도 있고 피해를 입혔을 경우 공제조합가입의무화 등을 통해 부작용을 막을 수도 있다. 이제는 경찰, 검찰이 하지 못하는 일은 민간에 과감히 위탁할 필요가 있다.

일단은 집행유예

– 남발하는 집행유예, 집행유예석방이
재범방지효과가 있을까?

피의자가 구속, 불구속 상태에서 수사와 재판을 받다가 집행
유예로 석방된다. 때로는 구속되는 경우도 있다. 이런 경우에
는 적부심, 보석으로 석방되기도 한다. 집행유예가 선고되는 경
우는 다음과 같다. 통상 초범이고, 범죄(피해)도 경미하고, 범행
동기가 우발적이고, 반성하고 있고, 피해자가 처벌을 원치 않는
경우. 이런 조건에 부합할 때에야 집행유예가 선고된다.

마약사범, 성폭력사범의 경우에도 집행유예로 석방되는 경우
가 종종 있다. 경찰관을 폭행하는 공무집행방해사범의 경우에
도 피해가 경미하고 합의되어 처벌을 원치 않는다는 이유로 집
행유예를 선고받는다.

피의자가 재벌기업의 총수 같은 부유한 위치일 때도 있다. 돈

으로 피해자와 합의하여 집행유예선고를 받기도 한다. 때로는 정신질환자의 경우 비록 심신미약의 상태에 있지 않더라도 집행유예로 석방되는 경우가 있다. 가정폭력사범의 경우에도 집행유예로 석방되기도 한다. 문제는 이렇게 석방된 집행유예사범이 재범을 저지르는지 않는지에 대해 감시하고 관찰하는 기능이 미흡하다는 것이다. 보호관찰이라는 명분이 별도로 붙지만 법무부 보호관찰관 인력이 부족하기 때문에 재범여부를 제대로 감시할 수 없다.

경찰의 경우에도 석방하는 법무부 교정당국에서 경찰에 제대로 통지를 하지 않는 이상 알 수 없다는 것이다. 그래서 심지어 집행유예로 석방된 사람이 자신을 신고한 사람, 피해자를 찾아가 보복하기도 한다. 하지만 석방된 사람이 피해자를 찾아가 보복하는지에 대해 확인할 장치가 현재로선 없는 실정이다. 불구속상태에서 재판이 확정되기까지는 오랜 시간이 걸리는 경우가 많다.

청소년범죄자의 경우 석방된 후 수사와 재판을 받을 때까지 제대로 보호해 줄 보호자가 없는 경우에 재범을 저지르기 쉽다. 이러한 가운데 집행유예를 선고받은 사람들의 재범이 이루어지고 만다. 집행유예를 선고받은 사람들이 선고 후 재범을 얼마나 저지르는지에 대한 통계자료도 없다. 그러면 어떻게 하여야 하는가? 집행유예선고와 함께 보호관찰이 따라 붙어져야 한다. 마약사범의 경우에는 매월 1회, 매주 1회 마약투약여부 확인 검사를 받도록 의무화해야 한다. 만일 마약을 투약한 사실이 발각될 경우에는 집행유예가 취소되도록 해야 한다. 그러한 선고가 병행되도록 판결이 선고되어야 한다.

석방 후 피해자에 대한 보복을 막기 위해 접근차단을 명령한다. 이러한 감시를 경찰 등 사법기관이 맡을 수 있도록 하여야 한다. 경찰, 보호관찰소에서 합동으로 수시로 전화로 확인하고 점검하도록 하여야 한다. 그것이 바로 사회적 안전장치이다. 이러한 사회적 안전장치를 두고 사법기관에서는 서로 떠넘기기에 급급하다. 법무부 보호관찰소에서 하여야 한다, 아니다 법원에서 해야 한다, 인력이 없으니 경찰에서 하여야 한다라는 식으로 소관업무다툼을 벌이고 있다. 이런 다툼은 이제 끝내야 한다.

집행유예범죄자들이 집행유예기간 동안 재범을 저지르지 않도록 감시관리하기 위해 사법당국은 머리를 맞대고 협력해야 한다. 그래야 재범으로 인한 피해를 막을 수 있다. 집행유예선고 기준도 좀 더 엄격하게 적용하여야 한다. 경찰관을 폭행하는 경우 피해가 경미하다는 이유로 집행유예를 선고하는 것은 바람직하지 않다. 아울러 재범율에 대한 조사도 하여야 한다. 그래야만 범죄자 특히 재범자들로부터 이 사회를 안전하게 지킬 수 있다. 형사사법시스템을 보다 강력하게 개선할 필요가 있다.

국민들이 원하는 권력기관

– 권력기관 기득권 버리고
국민이 진정으로 무엇을 원하는지를 보아야 한다

조국 민정수석의 경찰, 검찰, 국정원 권력기관의 개혁방안 발표가 있었다. 골자는 검찰, 국정원의 힘을 빼고 경찰에게 권한을 준다는 것이다. 그러면서 경찰의 권력비등화를 차단하기 위해 수사, 행정경찰의 분리, 그리고 지방자치경찰을 실시한다는 것이다.

검찰은 본래 기능인 공소유지기능에 충실하고 국정원도 해외정보수집업무에 전념하도록 한다고 했다. 국정원의 대공수사업무도 경찰로 이관하고 검찰도 경찰이 수사할 수 있도록 하겠다는 것이다. 고위공직자에 대한 비리수사는 고위공직자비리수사처에서 담당하되 부수적으로 검찰의 특수수사기능으로 보강한다는 것이다. 그러면서 과거 정부에서 수사를 한 사건에 대해 민간인을 조사관으로 채용 재수사여부를 결정한다는 것이다.

경찰은 웃고, 검찰과 국가정보원은 기능의 축소로 위축되는 느낌이 든다. 문제는 이로 인해 권한이 커진 경찰도 웃을 일만은 아니라는 것이다. 대공수사의 이관 등으로 경찰의 권한도 커지지만 이로 인한 경찰권한의 비대화로 경찰권한의 집중화를 막겠다는 장치도 발표했다. 그 첫 번째로 행정경찰과 수사경찰의 분리다.

경찰을 잘 모르는 사람들은 경찰에 무슨 행정경찰, 수사경찰이 따로 있는지 의아해할 것이다. 입건, 체포, 구속, 압수수색 등 범죄발생 후 실체진실규명을 위한 업무를 담당하는 것은 수사 영역에 해당한다. 기타 파출소, 지구대 등 방범순찰과 교통시설, 집회시위관리 등의 업무와 이를 지원해 주는 경무(인사, 장비, 예산 등) 기능을 하는 것이 행정경찰업무라고 보면 된다.

문제는 현재 경찰의 인사시스템 구조이다. 경찰청장, 수사국장 등 고위직으로 승진한 사람들 중 과연 수사업무에 종사하여 승진한 사람이 몇 명이나 있을까라는 것이다. 고소고발사건조사, 외근형사, 교통사고조사 등 업무에 종사한 사람은 경찰청장, 수사국장은커녕 총경 되기도 힘들다.

왜 그럴까? 수사업무에 종사한 사람들은 야근, 잠복, 조사 등 격무와 스트레스에 시달리고 악성민원 등에 시달려 징계 등 불이익처분을 받는다. 그럴 경우 승진 자체가 어렵다는 것이다. 그래서일까? 예전 화재사건, 강력사건, 과학수사, 추적수사, 교통사고분석조사 등의 전문가는 승진도 못 하고 많은 사람들이 경위 또는 경감으로 퇴직을 했다. 이들 수사전문가들은 업무로 인해 시험공부를 할 시간조차 없고 인사고과평가도 제대로 못 챙겨 승진도 하지 못했다. 이에 비해 잃은 것은 건강과 가족이다. 또한 시간도 잃은 셈이다. 이로써 쓸쓸하게 정년을 마치는 경우가 많았다. 그래서 수사업무에 종사하는 많은 사람들은 정년과 승진에 구애받지 않고 오직 수사에만 전념할 수 있도록 수사자체 승진, 복지, 인사제도의 개선을 요구한다. 경찰의 복잡한 다단계 계급구조를 수사경찰에는 적용시키지 않고 행정경찰과 별도로 자체 승진시스템과 급여체제 등이 선행되어야 한다는 것이다.

수사지휘기능도 순경부터 입직해서 차근차근 현장 외근, 감식, 분석, 조사업무를 밟아갈 수 있도록 하고 계급에 맞는 경험과 경륜, 인품, 실력을 갖추어야 한다. 그래야 제대로 수사지휘가 이루어지고 수사부서 내에 견제가 이루어져서 공정성 등 인권침해시비가 발생하지 않는다.

수사지휘를 받지 말아야 공정한 수사가 이루어진다는 논리는 맞지 않는다. 수사권의 핵심내용인 입건, 체포, 구속, 압수수색, 기소, 불기소의 결정은 신중에 신중을 기해 이루어져야 한다. 수사권이 마치 수사관 개인의 독점적인 권한인 것처럼 인식하고 칼을 막 휘두르면 안 된다는 것이다.

사건의 경중을 불문한 형사입건, 별건수사, 무분별한 압수수색에 재고해 보아야 한다. 더불어 도주·증거인멸 우려가 없거나 적은데도 체포, 구속, 임의동행이 이루어지는 경우도 있다. 이런 경우에 대한 자성도 필요하다. 그래서 때로는 수사과정에 변호사와 시민들의 참여 같은 감시기능이 개입될 필요도 있다.

수사의 밀행성, 편의성과 공명심을 앞세워 사건을 처리했는지 자성해 볼 필요가 있다. 검찰도 특수, 공안, 기획부서를 선호한다. 검찰 본래의 기능인 경찰송치 후 보강수사를 담당하는 형사부와 공소유지기능에 소홀히 한 점에 대한 자성도 필요하다.

경찰 역시 기소의견 송치 후 무혐의, 무죄판결이 난 사건에 대해 진심어린 사죄를 하였는지 되돌아보아야 한다. 경찰수사의 잘못으로 고통 받은 사람들에 대한 진심어린 사죄가 필요하다. 다음으로는 경찰사무 중 방범, 교통 등 지방자치단체 이관과 관련하여 국민들이 진정으로 원하는 것이 무엇인지를 알아보아야 한다. 야간에 불만 켜져 있는 치안센터와 지자체 주민센터들이 있다. 이는 안심서비스가 제대로 이루어지지 않고 있다는 증거다. 통합기초생활수급자, 장기학교 결석자, 성범죄 신상정보 공개등록자 등 범죄 및 소외계층의 거주지를 현장방문함으로써 안심서비스 제공활동을 하면 어떨까 하는 생각이 들었다.

신호등, 횡단보도나 육교 설치 혹은 폐지와 관련한 예산은 지방자치단체에서 부담한다. 하지만 설치 권한은 경찰이 가지고 있고 주차위반 등 교통법규단속과 관련된 것이 경찰과 지자체로 이원화된 체제를 보면서 경찰사무의 재조정은 필요할 것 같다. 다만 일선의 지방경찰이 느끼는 것은 이관에 관한 문제다. 채용, 승진, 보직 등 인사권한이 중앙경찰이 아닌 지방경찰로 과감하게 이관되어야 한다는 입장이다. 획일적인 단속 지시, 교육, 실적평가로 인해 경찰청 등 중앙기획정책부서에서 총경, 경무관 등 승진을 독차지한 후 잠시 지방에 좋은 보직으로 와서 머무르다가 중앙부서로 이동하는 사례도 있다. 이러한 승진의 독점과 불평등을 개선해 달라는 것이다. 인사와 결부되지 않는 단순한 사무이관조정은 의미가 없다는 것이다. 이번 개혁방안 발표로 검찰과 국정원의 권한은 축소되고 경찰의 권한은 커졌다는 느낌을 받는 사람이 많을 것이다. 그러나 축소된 권한만큼 인력과 예산조정이 이루어져야 한다. 민간기업이라면 당연히 인원과 예산감축이 이루어진다. 과연 검찰과 국정원이 그렇게 할 수 있을까? 경찰 또한 과감한 인력재배치, 사무조정이 필요하다.

이번 개혁이 진정으로 국민을 위한 개혁이라면 일선 현장으로 인력재배치가 이루어져야 한다. 요즘 젊고 유능하다는 사람들은 힘든 일은 하지 않으려는 경향이 강하다. 그래선 안 된다. 지방과 현장근무도 해보고 다양한 사건, 사고도 경험해 봐야 한다. 민생과 현장을 알아야만 승진할 수 있는 체제로 개편되어야 한다. 또한 정책기획부서로 올라가 승진과 자기계발에 전념하는 풍토도 사라져야 한다. 그래야 사회적 약자들의 심정도 알고 현장의 목소리를 들을 수 있다. 그런 사람들이 승진할 수 있도록 입직경로도 개편하여야 한다. 고시제도, 특채제도, 고위직 위주 해외주재관 선발파견제도 등이 현장근무경험보다는 단순히 학력평가만으로 이루어진다면 폐지할 필요가 있다. 모쪼록 이번 개혁안 발표가 국민들과 일선 현장의 근무자들이 원하는 방향으로 실행되도록 하였으면 한다.

경찰접수사건을
확 줄이려면

경찰에서 접수인지하는 사건이 너무 많다. 속칭 킥스(형사사법정보망)와 인터넷 신고접수가 생기고 나서부터는 더욱 늘었다. 112 신고사건에 들어오면 파출소직원들은 현장에 가서 사건의 경중을 불문하고 일단 임의동행, 현행범체포형식으로 피의자를 데리고 와서 킥스에 전산으로 피의자로 입건한다. 발생단계에서 사건의 정확한 죄명을 알 수 없어도 말이다.

접수된 사건은 경찰서로 배당되는데 형사, 수사, 여청기능으로 배당이 된다. 거기에 더해 본청, 지방청에서 수사지시형태로 하달되는 사건도 많다.

비교적 좋은 사건은 본청, 지방청에서 주로 하고 귀찮은 사건은 경찰서로 하달된다. 검찰청에 고소, 고발된 사건도 배당된다. 검찰에서 직접 수사해달라며 검찰에 고소, 고발해도 경찰로 이첩된다. 인터넷을 통해 신고 되는 절도, 사기, 명예훼손 등 사건도 굉장히 많다.

일선에서 사이버수사팀은 실질적인 사이버 범죄수사를 하는 것이 아니라 사이버망을 통한 모든 사건을 수사한다. 형사, 수사와 별 차이가 없다. 형사기능은 강력, 형사당직, 여청, 외사기능으로 분리되고 수사기능도 경제, 지능팀으로 분류된다. 신고접수와 발생단계에서 죄종을 알 수 없는데도 전문화라는 미명하에 분리수사를 한다. 그러다 보니 관할가지고 접수를 미루기도 한다.

여청의 경우 예전 강력에서 하던 실종, 성폭력사건수사를 한다. 인력이 부족하니 파출소, 지구대, 형사인력을 차출해 간다. 수당 또한 차이가 난다. 형사, 강력, 여청팀은 현업으로 인정받아 경제팀에 비해 100여만 원이 넘는 돈을 받는다. 사건의 난이도 접수량은 경제팀도 많은데 말이다.

본청, 지방청의 경우 인지수사만 한다. 고소, 고발 등 접수사건은 하지 않는다. 조직이 비대해진다. 특진과 승진도 일선서에 비해 잘 된다.

수사지휘의 경우도 경찰자체내부와 검찰의 지휘 등 이중으로 받는다. 물론 수사권조정법안 시행 후에는 검찰의 지휘가 없어진다고 해도 당사자가 문제를 삼으면 검사의 지휘를 받게 된다. 지휘과정에서 사건 쪼개기, 보강수사 등 잦은 일이 많다. 그러다보니 일선서 수사기능근무를 꺼린다.

특히 경제, 지능팀은 더욱 심하다. 조금 익숙해졌다 싶으면 비수사부서로 옮겨가니, 결국 초보로 채워진다. 그래서 수사의 전문성이 잘 안 이루어진다.

조사과정에서 사건관계자들은 소환에 응하지도 않고, 수사관들은 편파수사시비 등 온갖 민원에 시달리며. 그 과정에서 자체 내부감찰조사에 시달리기도 한다. 또한 수배자 검거출동수사 등에도 시달리고 당분직, 집회시위동원, 교육훈련도 많다. 잦은 인사발령으로 사건의 인수인계도 잘 안 되는 편이다.

이것이 수사현실이다. 그렇다면 어떻게 하여야 하는가? 일단 접수사건을 줄여야 한다. 검찰에 송치할 만한 사건인지 아닌지를 접수단계에서 심사하여야 한다. 굳이 입건할 만한 가치가 없는 사건은 입건, 검찰송치를 할 필요가 없다. 그런 측면에서 파출소, 지구대의 킥스 입력을 없애야 한다.

입건은 신중하게 하여야 한다. 법원 선고유예, 검찰 기소유예처럼 경찰도 입건유예를 하여야 한다. 미성년자 초범 피해경미 절도, 폭력사건, 합의사건, 기초생활수급자의 경미한 절도사건, 미성년자 음주, 담배판매와 관련 잘 알지 못하고 판매한 사건 등은 조건을 붙여(관련 교육이수, 봉사활동, 각서징구) 입건유예처분을 하여야 한다.

공정성의 시비가 있다면 위원회를 개최하여 결정하도록 하면 된다. 자치단체 등 행정기관의 고소, 고발사건도 마찬가지다. 면피성 고소, 고발이 많기 때문이다. 법원, 검찰의 선고유예, 기소유예 할 사건이면 경찰자체에서 입건유예를 해도 된다. 아울러 민사성 형사사건은 형사조정위원회를 구성하여 합의조건을 제시하여 합의를 유도하여야 한다. 검찰, 법원의 조정위원회기능이 왜 경찰에서 시행하지 않는지 모르겠다.

영장청구단계에서도 집행의 신중함을 위해 청구요건관련 위원회를 개최하여 심도 있는 심사를 실시하여야 한다. 자의적인 영장청구를 차단할 필요가 있다. 아울러 사건접수단계에서 수사관의 수사경험, 능력을 감안해 차별배당을 하여야 한다.

단독수사를 지양하고 조별, 팀별 수사를 하여야 한다. 현재처럼 팀장에서 사건을 몇 건 배당한다고 해서 팀장책임수사가 이루어지는 것은 아니다. 팀장은 팀원, 조장과는 달리 팀장으로서 제대로 된 수사지휘를 하여야 한다. 그리고 과장은 과장차원에서 수사진행과정을 세심하게 챙겨야 한다. 그저 전자결재만 하는 그런 형식적인 지휘는 사라져야 한다.

지방청·본청의 직접수사기능도 확 줄여야 하며, 일선 수사기능으로 인력을 배치하여야 한다.

또한 책임떠넘기기식 수사지시는 사라져야 한다.

검찰에 고소된 사건은 검찰에서 직접 수사하도록 하여야 한다. 그것이 당사자의 의도에 맞기 때문이다. 설사 경찰에 이첩

해도 사건의 쟁점 등을 구체적으로 기재하여 지시하도록 하여야 한다.

지구대, 파출소의 경우도 직접 조사를 하도록 하여야 한다. 임의동행, 현행범 체포한 사건은 체포, 인지경위에 대해 상세한 조서를 작성하도록 하여야 한다. 필요시 경찰서에서 소환 시 출석, 체포경위에 대해 조사받도록 하여야 한다.

현장검증도 교통사고, 강력범죄만 하지 말고 가급적 확대하여야 한다. 현장재연과정과 그 기록을 사건기록에 첨부하도록 하여야 한다. 수사종결과정에서 사건관계자에게 수사과정과 종결이유에 대한 설명을 하도록 하여야 한다. 당사자에게 불만이 없도록 하여야 한다. 그래야 검찰에 이의제기를 하여 재수사하는 것을 막을 수 있다.

수사종결과정에서 종결이유와 종결내용에 대한 합의제식 위원회를 개최하여 심도 있는 논의를 하여야 한다. 주장과 이유, 증거, 법리적용에 있어 오류를 막기 위해서이다. 현재처럼 서별로 무늬만 인권보호관, 영장심사관으로 배치하지 말고 실질적으로 운영하여야 한다.

현행 각 경찰서별 수사기능을 통합 검찰관할별로 수사를 묶어 수사전담 경찰서 설치를 하여야 한다. 서울남부지검의 경우 영등포, 양천, 구로, 강서, 금천경찰서의 수사기능을 합쳐 서울남부수사경찰서를 신설, 수사만 전담하도록 하여야 한다. 관련 인사, 예산의 전문성을 확립하여야 한다.

비수사경험자가 수사를 하거나 수사지휘를 하도록 해서는 안 된다. 인사도 수사경찰서근무자들끼리 하도록 하여야 한다. 직급과 대우도 비수사경찰에 비해 더 좋은 처우를 해주어야 한다.

현장에 문제가 있고 해결책도 있다. 밀실에서 현장경험이 일천한 사람들이 모여서 외국사례를 들먹이며 현장과 거리가 먼 정책과 기획, 지시를 쏟아내서 오히려 일선 현장수사부서 근무직원을 괴롭히는 그런 정책을 내어서는 안 된다.

드루킹 특검보를
사직하면서

지난 2018년 6월 드루킹 특검보로 임명되었다. 2개월간의 대변인, 그리고 약 1년여간의 1심과 2심 공판에 참여하였다. 경찰관 최초로 특검보로 임명되어 자부심이 들었다. 대변인으로 활동하던 중 노회찬 의원님의 자살소식도 접했다. 당시 충격이 컸던지 대변인직을 사직하고 싶었지만, 내가 헤쳐 나가야 할 시련과 고통이라고 생각하며 참았다. 그렇게 인내하며 수행하였다. 수사과정 중 허 특검님은 모친상을 당했음에도 불구하고, 철저히 함구하면서 임무를 수행하였다. 수사 종료 후 파견되었던 검사 두 명만 남기고 특검을 떠났다. 같이 임명되었던 검사출신 특검보 두 분도 사직을 하면서 혼자 남게 되었다. 외로움과 심적 부담이 컸다.

공판은 수사와는 다르게 법정에서 증인신문과 증거조사를 통해 변호사와 치열한 진실공방을 거쳤다. 그 과정을 통해 공판의 중요성도 다시금 느끼게 되었다. 특히 드루킹의 경우 오전 10시부터 시작된 증인신문이 오후 10시가 넘어 종료되는 등 치열한 공방이 이어졌다. 그 과정에서 드루킹은 배고픔을 호소하면서 휴정을 요구하는 등 답변 태도가 너무 당당해 당황하기도 했다.

여러 가지 의문이 들었다. 수사와 재판과정에 사람의 기억력의 한계는 어디까지일까? 킹크랩 프로그램 작동원리와 과정을 어떻게 해야 재판부에 쉽게 설명할 수 있을까? 경찰과 검찰의 수사가 미진한 부분은 무엇일까? 어떤 곳을 추가적으로 압수수색 해야 할까? 누구를 추가적으로 신문해야 하고 어떠한 내용을 집중적으로 신문하여야 할까? 수사보다 앞서가면서 추측보도를 통해 특검과 관련수사대상자를 압박하는 언론에 어떻게 대처하여야 할까? 구속영장을 신청하여야 할까? 하지 말아야 할까? 어떤 혐의로 기소하여야 할까?

2개월의 짧은 수사기간 속에 파견된 검사와 수사관, 경찰, 로스쿨 변호사 출신 특별수사관들이 한 팀을 이뤄 진실을 밝혀내기란 쉽지 않은 일이었다. 기간 내에 수사결과를 발표하고 기소된 피고인들에 대한 공판준비를 하기란 더더욱 어려운 일이었다. 수사에 참여했던 검사와 수사관들이 특검을 떠나고, 특히 수사 특검보들도 특검을 떠나면서 검사 입장에서 공판을 진행해야 했다. 그래도 수사기록을 면밀히 검토하면서 수차례에 걸쳐 의견서를 법정에 제출하고 증인신문, 반대신문사항을 만들고 신문하면서 공판의 중요성을 많이 느꼈다. 수사는 기소만으로 끝나는 것이 아니다. 공판을 통해 유죄입증까지 해야 한다.

증거목록과 설명서, 신문사항, 의견서의 철저한 준비를 거친 사실입증과 선거법관련 법리검토도 매우 중요했다. 최근 논란이 되고 있는 검찰개혁과 관련 수사보다 공판의 강화가 필요하다는 것을 새삼 실감했다. 그럼에도 불구하고 대부분의 검사들이 공판검사를 한직으로 생각하고, 수사만 선호하는 것은 문제라고 본다. 경찰관들도 자신이 수사했던 사건이 공판과정에서 어떻게 진행되는지 증인으로 적극적으로 참여해야 한다고 생각한다. 증거물의 수집과 보관도 오염되거나 훼손되지 않도록 관리하여야 한다. 최근 제8차 화성연쇄살인사건의 범인을 두고 진범논란이 있었다. 이 사건 역시 모발증거물의 관리가 부실했고 공판이 피고인의 자백진술에 의존하여 허술하게 진행되었다는 것을 말해주고 있다.

1심법정에서 김경수 지사를 포함한 관련자들에게 중형이 선고되었다. 그들의 표정을 보면서 많은 회한이 들기도 했다. 재판부 역시 엄청난 중압감을 받으며 장시간 재판을 진행하는 것을 보면서 그리 좋은 직업은 아니라는 생각이 들었다. 수사와 재판을 통해 진실이 가려지고 형이 선고된다. 과연 진짜 진실은 무엇일까? 경찰, 검찰, 법관도 사람이기 때문에 때로는 잘못된 수사와 재판을 할 수 있지 않을까?

사람의 목숨은 칼과 총보다는 말과 글에 의해 좌우된다. 과연

나 자신은 그동안 여러 직책을 맡으며 이러한 생각을 해본 적 있을까? 정말 최선을 다해 진실규명에 임했을까? 하는 자성의 시간도 가지게 되었다. 필자가 경찰, 검찰, 특검보와 사건수사 관련 방송출연을 하면서 배운 것은 이것이다. 항상 낮은 자세로 상대방의 말을 경청하고 언행에 신중해야 한다는 것이다. 구치소에 가서 접견을 해보면 정말 억울하다고 하소연하는 사람들이 많다.

지금도 우리나라 곳곳에는 피해자들이 많다. 그들은 하나같이 말한다. 제발 우리의 목소리를 들어달라고 말이다. 그동안 시간이 없다는 핑계로 그저 내 이야기와 주장만 한 것은 아닌지 자성해 본다. 배려와 경청, 고민. 법 이전에 사람이 먼저라는 생각을 다시 한번 해본다.

삭막하고 차가운 세상,
우리가 피워 올린 마음의 불씨가 하나둘 모여
보다 정의롭고 따뜻한 사회가 되기를 기원합니다

– 권선복
도서출판 행복에너지 대표이사

　살다 보면 누구나 종종 난감한 상황을 맞닥뜨리는 순간이 있습니다. 이를테면 법적인 도움을 필요로 하는 경우 등이 있습니다. 그런 순간마다 우리는 경찰을 찾아 도움을 청하곤 합니다. 법과 경찰은 그만큼 우리의 일상과 밀접하게 맞닿아 있습니다. 『경찰을 생각하다』의 박상융 저자는 사람들의 이러한 갈증을 누구보다도 잘 알고 있습니다. 일상에서 맞닥뜨리는 크고 작은 사례를 들며 독자 여러분과 함께 사회문제에 관해 고민하고, 해답을 찾아나가자고 합니다.

　박상융 저자는 사법고시 합격 후 경찰로 20여 년이라는 세월 동안 누구보다 앞장서서 일선에서 최선을 다하셨습니다. 그 시간 동안 현장에서 몸소 느끼고 깨달은 것들을 모아 한 권의 책에 담았습니다. 전작 『경찰이 위험하다』, 『범죄의 탄생』의 뒤를 잇는 이 책을 읽다 보면 오늘날 경찰, 검찰, 법원의 모습을 생생하게 알 수 있을 것입니다. 경찰계에 대한 아쉬움을 얘기하는 저자의 목소리에서 우리나라 정의가 살아있음을 느낄 수 있습니다.

법은 사람이 만들었는데, 정작 법을 집행하는 사람들은 사람 냄새가 나지 않는다고 합니다. 사회 전반적으로 삭막해져 가는 오늘날, 사람 위주가 아닌 법조문과 행정 편의 위주로 법이 집행되는 모습이 언론에 고발될 때, 많은 이들이 탄식하는 말이기도 합니다. 박상융 저자는 이러한 현실 속에서도 법조인으로서의 소명의식을 잃지 않고 독자들에게 묻고 있습니다. 이러한 삭막한 시대에 과연 우리가 할 수 있는 것은 무엇인가 하고 말입니다.

이 책은 우리가 미처 몰랐던 경찰 세계에 대한 방향을 제시해주는 책인 동시에 한때 경찰이었고 지금은 변호사인 박상융 저자가 통렬하게 느끼는 자기반성의 단면을 우리에게 보여주는 책이 될 것입니다. 바라건대 이 책이 정의를 실현하기 위해 불철주야 뛰어다니는 우리 경찰관들에게 좋은 자극제가 되었으면 합니다. 이 책을 읽는 독자 분들의 마음에도 정의를 향한 불씨가 솟아나는 한편 넘치는 행복에너지가 팡팡팡 샘솟는 나날이 되시길 기원드립니다.

장기표의 정치혁명

장기표 | 값 20,000원

저자는 지금 우리 사회에서 소모적인 갈등을 불러일으키면서 심각한 문제가 되고 있는 여러 문제들의 해법을 정보문명시대의 관점에서 제시하며 대안 없는 비판이 횡행하는 한국적 정치현실을 비판하고 있다. 한국 정치현실에 대한 예리한 비판과 함께 새 시대에 맞는 민주시장주의와 이에 기초한 정책을 강구해야만 모든 국민이 자아실현의 보람과 기쁨을 누리며 행복하게 살 수 있음을 밝히는 비전이 돋보이는 책이다.

명강사25시 - 세상을 향해 꿈을 품다

신경희 외 16인 지음 | 값 20,000원

사람에게 지식을 전달하는 사람을 강사라고 한다면, 사람을 감동시키고 변화시킬 수 있는 사람을 명강사라고 할 수 있을 것이다. '세상을 향해 꿈을 품다'라는 제목으로 새롭게 출간되는 이번 공저는 10여 년간 277명의 명강사를 배출한 교육의 산실 고려대 명강사 최고위과정 11기 수료 명강사들의 사람을 감동시키는 진실과 열정, 넘치는 인간미를 볼 수 있는 장이 될 것이며, 진정한 명강사란 무엇인지 생각해볼 수 있는 기회를 줄 것이다.

맑은 바다에서 긍정의 파도를 타다

이현숙 지음 | 값 15,000원

이 책에서 말하는 긍정이론은 언뜻 보기에는 평범하고 당연한 것으로 느껴질 수도 있다. 하지만 이 책이 가진 큰 사상적 특징은 긍정이야말로 인간의 지성과 감성, 인간이 만들어낸 학문과 종교보다 앞서서 존재하는 우주의 원리라는 점을 설파하고 있다는 것이다. 베트남 전쟁 상이군인인 남편과 함께 전쟁 트라우마를 극복하는 과정에서 체험과 감동으로 착안한 긍정의 진리는 우리의 삶에 매우 중요한 메시지를 전달할 것이다.

꽃으로 말할래요

임영희 지음 | 값 16,000원

임영희 시인의 제4시집 「꽃으로 말할래요」는 '꽃'으로 상징되는 자연의 다양성과 그 생명력, 거기에서 느낄 수 있는 근원적 아름다움에 대한 갈망을 느낄 수 있는 작품이다. 오로지 '꽃'이라는 소재를 사용한 160여 개의 작품으로 이루어져 우리나라에서 유일한 '꽃' 시집일 것 같은 임영희 시인의 「꽃으로 말할래요」는 우리가 오랫동안 잊고 있었던 미(美)에 대한 순수한 두근거림을 전달해줄 것이다.

그리워 한다고 말하지 않겠네

임영희 지음 | 값 16,000원

임영희 시인의 제3시집 『그리워한다고 말하지 않겠네』는 인간이라는 존재와 그 삶의 기저에 깔린 아름다움에 대한 시인의 탐미적 작품 세계를 잘 보여준다. 강렬하면서도 유미적인 시어로 전개되는 시인의 시 속에는 삶과 세상에 대한 날카로운 통찰과 초월적이고 이상적인 존재에 대한 강한 그리움이 동시에 존재하는 한편, 무엇보다 미래를 이끌어갈 새로운 세대의 삶을 응원하는 따뜻한 시선을 느낄 수 있다.

맨땅에서 시작하는 너에게

이영훈 지음 | 값 15,000원

젊은 사회적 기업가 이영훈의 자전적 에세이인 이 책은 맨땅에서 인생을 시작하는 청춘들에게 미래에 대한 희망과 충만감을 심어 주는 받침대가 되어 줄 것이다. 어린 시절 아버지가 돌아가시고 어머니는 떠나버려 동생과 함께 고아원에서 자란 과거는 언뜻 아픈 상처처럼 느껴질 수도 있다. 하지만 그럼에도 불구하고 이영훈 필자는 자신의 인생을 통해 따뜻한 마음과 활발한 개척정신을 이야기하며 우리를 도닥여 준다.

산에 가는 사람 모두 등산의 즐거움을 알까

이명우 지음 | 값 20,000원

등산 안내서라기보다는 등산을 주제로 한 인문학 에세이라고 부를 수 있는 책이다. 등산의 정의와 역사를 소개하고, 등산이 가지고 있는 매력을 소개하는 한편 등산 중 만날 수 있는 유익한 산나물과 산열매, 야생 버섯과 꽃 등에 대한 지식도 담아 인문학적 요소, 문학적 요소, 실용적 요소를 모두 갖춘 등산 종합서적이라고 할 만하다.

감동을 팔고 직원들을 춤추게 하라

이수호 지음 | 값 18,000원

이 책은 '전주명가콩나물국밥'의 체인점주 사장 이수호 대표의 경영철학을 담은 따뜻한 에세이이다. 모든 것을 잃었던 필자가 '국밥집 사장'이 되면서 5년 만에 5개의 체인점을 갖는 등 성공의 반열에 오를 수 있게 해준 방법과 그만의 철학은 많은 이들에게 영감을 불러일으켜 줄 것이며 음식점 주인만이 아닌, 작은 사업을 하고자 하는 이들에게도 큰 도움이 될 수 있는 구성으로 그 가치가 빛난다.

좌충우돌 교도소 이야기

정상규 지음 | 값 15,000원

같은 하늘 아래 살아도 대부분의 사람들은 전혀 모르고 살아가는 곳이 15척 담장 너머 사회에서 잠시 분리된 사람들의 공간, 교도소이다. 인생의 절반 이상을 교도관으로서 재소자들과 함께 지내면서 그들의 교정과 사회 복귀를 위해 노력해 온 정상규 필자가 보여주는 교도소 안 천태만상의 이야기 속에서 죄를 넘어선 인간에 대한 따뜻한 애정과 사회에 대한 예리한 통찰을 함께 느낄 수 있다.

세상에 그저 피는 꽃은 없다 사랑처럼

윤보영 지음 | 값 13,500원

2009년 대전일보 신춘문예로 등단하여 지금까지 19개의 시집을 낸 '커피 시인' 윤보영 시인의 이번 시집은 어떠한 기교 없이 담백하면서도 일상적인 언어로 우리의 가슴에 잔잔한 물결을 남기는 것이 특징이다. 우리가 평소 짧게 던지는 말들처럼 평범한 언어 속에 담긴 깊은 그리움과 감동은 우리가 일상에서 느끼는 모든 감정이 시의 재료이자 시 그 자체라는 것을 알려주는 동시에 이 책을 읽는 많은 이들에게 마음을 정화하는 행복에너지를 전달하게 될 것이다.

하루 5분 나를 바꾸는 긍정훈련

행복에너지

**'긍정훈련'당신의 삶을
행복으로 인도할
최고의, 최후의'멘토'**

'행복에너지
권선복 대표이사'가 전하는
행복과 긍정의 에너지,
그 삶의 이야기!

인터파크
자기계발 분야 주간
베스트 1위

권선복 지음 | 15,000원

권선복

도서출판 행복에너지 대표
지에스데이타(주) 대표이사
대통령직속 지역발전위원회
문화복지 전문위원
새마을문고 서울시 강서구 회장
전) 팔팔컴퓨터 전산학원장
전) 강서구의회(도시건설위원장)
아주대학교 공공정책대학원 졸업
충남 논산 출생

책 『하루 5분, 나를 바꾸는 긍정훈련 - 행복에너지』는 '긍정훈련' 과정을 통해 삶을
업그레이드하고 행복을 찾아 나설 것을 독자에게 독려한다.
긍정훈련 과정은 [예행연습] [워밍업] [실전] [강화] [숨고르기] [마무리] 등 총
6단계로 나뉘어 각 단계별 사례를 바탕으로 독자 스스로가 느끼고 배운 것을 직접
실천할 수 있게 하는 데 그 목적을 두고 있다.
그동안 우리가 숱하게 '긍정하는 방법'에 대해 배워왔으면서도 정작 삶에 적용시키
지 못했던 것은, 머리로만 이해하고 실천으로는 옮기지 않았기 때문이다. 이제
삶을 행복하고 아름답게 가꿀 긍정과의 여정, 그 시작을 책과 함께해 보자.

『하루 5분, 나를 바꾸는 긍정훈련 - 행복에너지』